종교와 똥, 뒷간의 미학

종교와 똥, 뒷간의 미학

박병기

김남희

손원영

김교빈

박현도

씨
아이
알

머리말

우리 일상에는 익숙하고 꼭 필요한 것이면서도 되도록 말하기 싫어하거나 꺼리는 문제들이 포함되어 있다. 그것을 말할 경우 무언가 불쾌하거나 무안한 느낌이 들기 때문일 것이다. 살아있음을 유지하기 위해 필수적인 두 요소인 음식과 똥, 오줌은 그 핵심적인 중요성에서는 전혀 차이가 없음에도 전혀 다른 대우를 받는다. 먹을거리에 관한 논의는 차고 넘치는 반면, 먹은 것을 소화시켜 배설하는 과정의 산물인 똥과 오줌에 관한 이야기는 가능하면 피해야 할 대상으로 취급받는다.

심지어 똥과 오줌이라는 순우리말 대신에 대변과 소변이라는 말로 대체하는 것이 예의를 차리는 것으로 받아들여지기도 한다. "냄새가 있고 무언가 징그러운 느낌까지 주는 대상들이기 때문에 그러는가 보다"라고 생각하면서도, 돌이켜보면 과연 그런 일상의 태도가 바람직하고 자연스러운 것인지 의구심을 갖게 된다.

물론 똥과 오줌을 대하는 지금과 같은 금기의 정도는 수세식 화장실이 자리 잡은 서구 근대문명이 유입되면서 정착한 후에 심각한 수준으로 강화된 것이다. 동서양을 통틀어 농업 기반 사회를 유지해온 긴 시간 동안은 똥과 오줌은 거름이라는 형태로 전환되어 순환하는 소중한 자원이었다. 우리의 경우에도 20세기 중반까지 거름으로 활용하기 위한 이른바 '푸세식' 화장실이 일반적이었다. 그것이 공업화와 도시화 과정을 거치면서 정기적으로 돈을 들여 비워내야 하는 천덕꾸러기로 전락했고, 이 와중에 등장한 수세식 화장실은 편리함과 깨끗함의 대명사로 대접받게 되었다.

그러나 이러한 깨끗함과 편리함은 곧바로 우리들로 하여금 깨끗함과 더러움 사이의 이분법에 익숙해지게 했을 뿐만 아니라, 생명 현상의 자연적인 흐름에 관한 인식에도 장애를 가져다주기 시작했다. 무언가를 먹어야만 살 수 있는 한 생명체로서 인간은 몸이라는 매개체를 중심으로 삼아 자연스러운 배설의 과정을 보장받을 수 있을 때라야 비로소 그 생명의 연장을 보장받을 수 있다. 그런 점에서 음식과 똥은 자연스러운 순환 과정에 있는 것으로 받아들이는 게 마땅한데, 수세식 화장실 문화는 이 흐름을 단절시키면서 자신의 생명현상에 관한 잘못된 인식을 부추기는 결과를 빚은 셈이다.

이 문제는 삶의 다른 차원인 죽음을 인식하고 받아들이는 과정에서도 거의 유사한 양상으로 전개된다. 삶이라는 것 자체가 죽음을 전제로 할 수 있을 때라야 비로소 온전성을 보장받을 수 있고, 또 모든 생명체는 각자의 수명壽命이라는 시간적 한계 안에서만 존재할 수 있다. 더욱이 모든 생명체는 환경 등의 변수로 인해 자신에게 주어진 수명을 온전히 보장받지 못하는 경우가 대부분이다. 현재의 의학지식에 따르면 인간의 수명은 120살이지만 평균수명 또는 기대수명은 80여 년 정도이다. 이 시간도 각각의 상황에 따라 천차만별임을 우리는

종교와 똥, 뒷간의 미학

잘 알고 있고, 따라서 모두에게는 죽을 수밖에 없는 운명임을 알고 그 죽음에도 지속적인 준비를 해야 할 책임이 주어져 있다고 말할 수 있다.

그런데 자본주의 기반의 현대문명은 삶에만 초점을 맞출 뿐 그 삶과 짝을 이루는 죽음에는 관심을 기울이지 말라고 속삭인다. 이 지점은 먹을 것에만 초점을 맞추고 싸는 과정과 결과물에는 가능하면 관심을 갖지 말기를 권유하는 문화와 직결된 것이다. 감출 수 없고 또 감추어서는 안 되는 것들을 억지로 일상에서 밀어내려고 시도하는 일은 어리석을 뿐만 아니라 지속가능하지 않은 것이기도 하다.

이런 비정상적인 상황을 극복하는 것은 민주民主를 전제로 하는 우리 사회에서 우선적으로 개인에게 맡겨진 과제이지만, 우리가 동시에 공화共和를 함께 지향하고 있다는 점을 고려하면 사회 전반적인 노력이 필요한 과제가 된다. 특히 여기에서 종교宗敎의 역할과 책임이 부각될 수 있다. 종교는 인간의 유한성에 관한 사색과 명상을 그 중심에 두기 때문이다. 그동안 그리스도교와 불교로 대표되는 우리의 제도종교는 죽음의 문제에 대해서는 일정한 역할을 해왔다. 각각의 장례의식을 기반으로 매장 또는 화장 등의 시신 처리 과정과 추모관 제공 등을 통해 죽음을 감당하는 창구 역할을 일정하게 해왔다는 의미다.

그에 비하면 음식과 똥, 오줌의 문제에 대해서는 그다지 많은 관심을 보여주지 못하고 있다. 물론 불교에서 사찰음식이라는 대안을 통해 고기 덜 먹기 또는 채식을 권장하는 역할을 해왔고, 그리스도교의 경우에도 함께 음식을 나누며 친교를 다지는 등의 문화를 만드는 데

기여하기는 했다. 그러나 그렇게 먹은 것들을 처리하는 과정과 방식에 대해서는 대체로 침묵하는 모습으로 일관했다. 그러는 동안 우리 사회는 이른바 '먹방'이라는 이름의 영상물들이 범람하는 장소가 되어버렸고, 조회수를 늘리기 위해 죽음에 이를 정도의 폭식도 마다하지 않는 비정상적 행태들마저 나타나고 있다. 우리의 먹방을 영어로 번역할 때는 '코리안 푸드 스캔들Korean Food Scandal'이라고 한다는 말을 전해 들었을 때는 부끄럽고 민망한 느낌을 떨치기 어려웠다.

그런 와중에 울산과학기술원UNIST 조재원 교수팀이 '사이언스 월든'이라는 이름의 프로젝트를 진행하면서 '똥본위화폐'와 순환가능한 '대안 변기'를 모색한다는 소식을 접했고, 그 연구팀의 인문학 분야 책임을 맡은 동국대학교 한만수 교수가 필자(박병기)에게 각 종교에서 똥을 어떻게 바라보고 있는지를 함께 연구해보면 어떻겠냐는 제안을 해왔다. '똥'이라는 말이 즉각적으로 불러일으키는 거부감 때문에 약간의 망설임을 떨치기 어려웠지만, 다른 한편 새롭고 꼭 필요한 연구 주제라는 생각도 함께 들어 수용하기로 했다. 그런 후에 필자가 불교 분야를 맡기로 하고 기독교 쪽은 손원영 교수에게 맡아줄 수 있는지를 물었더니 흔쾌히 받아들여 주었다. 그리고 이슬람은 박현도 교수가, 가톨릭은 김남희 교수가 맡아주기로 했고, 종교로서 유교의 관점에 대해서는 그 분야 원로교수이신 김교빈 교수가 맡아주기로 하면서 연구팀이 확정될 수 있었다.

각자 연구발표 책임을 맡으면서 몇 번의 집담회를 거쳤고, 어느 정도 완성이 되면서 한국종교교육학회와 연합학술대회를 추진하기

종교와 똥, 뒷간의 미학

로 했다. 그 과정에서는 당시 학회 부회장을 맡은 손원영 교수의 노고가 컸다. 연합학술대회를 성공적으로 마친 후에 학회지에 특집으로 실은 것이 2021년 12월이다(한국종교교육학회, 『종교교육학연구』 67권, 2021.12. 1-93쪽 참조). 학술지에 실리는 것이 학자들에게는 의미있는 일이지만, 읽는 사람들의 숫자가 제한된다는 아쉬움 때문에 단행본으로 내는 것이 좋겠다는 합의가 자연스럽게 이루어졌고 그 진행 과정 책임을 필자가 맡기로 했다.

그런데 분량도 조금 적을 뿐만 아니라, 우리 현대사에서 생활종교의 한 모형을 보여주었다고 평가받는 원불교의 관점이 빠진 것이 아쉬워 그 부분을 보완해서 내는 것이 좋겠다는 데 동의가 이루어졌다. 써줄 만한 원불교학자에게 원고를 의뢰하고 기다린 지 1년을 훌쩍 넘겼는데, 생소한 주제여서인지 좀처럼 원고가 오지 않았다. 더는 기다릴 수 없다고 판단하여 지난 3월 초순 최종 확인을 했더니, 여러 어려움으로 쓸 수 없겠다는 대답이 돌아왔다. 아쉽지만 포기하고 다섯 꼭지의 원고만으로 단행본을 만들 수밖에 없다는 판단이 들었고, 지금 이런 모습으로 선보이고자 한다. 차후에라도 원불교와 무속 등 다른 종교의 관점이 보완될 수 있기를 기대한다.

원고는 학술지에 실린 것을 그대로 가져오는 것을 원칙으로 하되 단행본 형태로 수정하기로 했고, 다만 손원영 교수의 글이 학술지 게재 과정에서 많이 생략된 부분이 있어 학술대회 발표 원고로 대체되었다. 조금 더 일찍 단행본으로 내놓지 못한 점에 대해 다른 필자들과 프로젝트의 인문학 분야 책임자 한만수 교수께 송구한 마음을 전하고 싶다. 부디 이 작은 책이 똥을 바라보는 우리의 편협한 관점을 교정하는 데 도움이 될 수 있기를 바라는 마음이 크다. 그것은 곧 죽음을 제대로 바라볼 수 있게 하는 통로로 이어져 삶의 순환과정을 바라보는 우리 시야의 확장과 심화를 가져올 수 있겠다는 기대를 하기 때문이다.

필자들의 뜻을 헤아리며, 박병기 드림

차례

제1장

회개와 보속의 생태신학적 재발견과 새로운 상상: 배설과 되살림의 창발적 변환

김남희(가톨릭대학교 학부대학 교수)

1

회개와 보속의 생태신학적 재발견과 새로운 상상: 배설과 되살림의 창발적 변환

●

버림의 미덕을 재발견하다

"난 더러운 똥인데, 어떻게 착하게 살 수 있을까?
아무짝에도 쓸 수 없을 텐데…."

권정생, 『강아지똥』 중에서

　　권정생의 『강아지똥』은 아동문학의 새로운 장을 연 그림책으로 평가받는다. 『강아지똥』에는 그 흔한 왕자와 공주가 주인공으로 등장하지 않는다. 왕자와 공주가 사는 환상적인 세계도 그려지지 않고, 왕자와 공주의 결혼이라는 낭만적인 결말도 없다. 오히려 우리가 아무짝에도 쓸모없다고 여겨온 한 사물의 이야기, 강아지가 싸 놓은 '똥'에 관한 이야기가 담겨 있다. 아동문학 평론가인 이재복은 『강아지똥』에 대해 다음과 같이 평했다. "지금까지 아동문학을 하는 사람들은 어린이들에게 꿈을 심어준다면서 어딘지 현실과 동떨어진 환상의 세계만을 보여주었는데, 권정생 선생님은 이 세상에서 가장 낮은 곳으로 내려가, 비록 어둡고 추운 곳이지만 그곳에도 왕자나 공주 못지 않게 따뜻한 영혼을 간직한 수많은 존재들이 살고 있다는 사실을 어린 이들에게 보여준 것입니다."(권정생, 2006)[1]

『강아지똥』은 국가와 사회가 경제 성장에만 몰두하고, 개인도 그 발전 계획 속에서 과도한 경쟁을 감수해내야만 했던 1990년대에 출판되었다. 이러한 시대적 상황을 고려한다면, 『강아지똥』은 단순히 동화를 넘어 작가의 시대적 혜안이 고스란히 담겨 있는 작품이라 할 수 있다. "난 더러운 똥인데, 어떻게 착하게 살 수 있을까? 아무짝에도 쓸 수 없을 텐데…"(권정생, 2006). 강아지똥의 독백은 '쓸모있음'과 '쓸모없음'을 구분하면서 유용성만을 중시해 온 우리 사회를 돌아보게 한다. 또한 긴 겨울을 참고 기다린 끝에 민들레의 거름이 되고, 결국 무엇엔가 착하게[귀하게] 쓰이고 싶다는 꿈을 이룬 강아지똥의 이야기는 '배설과 그 배설물인 똥'에 대해 다음 세 가지의 화두를 던지고 있다.

첫 번째는 '쓸모있음의 쓸모없음'[有用之無用]이다. 배설은 사전적

---

1   권정생의 『강아지똥』은 약 30쪽 분량의 단편 동화이자 그림책이다. 길벗어린이 출판사에서 발행한 『강아지똥』에는 쪽수가 표기되어 있지 않아, 본고에서는 쪽수 인용을 부득이 생략했다. 이재복의 평론은 『강아지똥』 뒷부분에 수록되어 있다.

종교와 똥, 뒷간의 미학

으로 '한 생명체가 자신의 몸 안에 필요한 물질과 에너지를 얻은 후 생긴 노폐물을 밖으로 내보내는 것'을 뜻한다. 이 사전적 의미에서 드러나고 있는 바와 같이, 배설은 인간에게 꼭 필요한 생리작용이다. 그럼에도 불구하고 강아지똥의 독백처럼, 배설물은 더 이상 거름으로 쓰이지 않게 되면서 무용지물無用之物로, 심지어 '더러운 것'으로 낙인 찍혀왔다. 익히 알고 있는 바와 같이 수세식 화장실이 보편화되면서 배설물은 노폐물, 혐오의 폐기물로 인식되었고, 심지어 오물 처리 비용으로 인해 '돈이 드는 쓰레기'로 취급되기도 하였다. 따라서 '배설과 그 배설물인 똥'에 대한 반성을 통해 쓸모없다고 여긴 것에 대해 재발견을 할 줄 아는 안목이 요청된다.

두 번째는 '쓸모없음의 쓸모있음'[無用之用]과 선한 영향력이다. 동화『강아지똥』에서 아무짝에도 쓸모없는 강아지똥이 민들레의 거름이 되어 아름다운 꽃으로 변용된 것처럼, 인간의 배설물이 기술을 이용해 바이오가스로 전환되는 것은 쓸모없다고 여겨지던 배설물의 선한 영향력이라 할 수 있다. 무용한 배설물이 유용한 바이오가스로 거듭날 수 있었던 것은, 『강아지똥』의 비유를 들어 설명하면, 민들레의 퇴비가 되기 위해 강아지똥이 기꺼이 죽음을 선택했기 때문이다. 이 죽음은 단순히 사라지는 것이 아니라 한 생명체가 또 다른 생명체의 탄생으로 이어지기 위한 숭고한 희생이라 할 수 있다. 또한 이 죽음과 희생의 과정은 곧 생명의 순환성을 내포한다. 나아가 이 생명의 순환성은 곧 쓸모없음의 되살림이다. 따라서 쓸데없다고 치부되는 어떤 대상을 선한 영향[되살림]으로 끌어내기 위해서는 다양한 모색이 필요하다. 그 대상의 활용과 영향에 대한 무한하고 새로운 생태학적 상상이 요구된다.

마지막으로 『강아지똥』은 생태 위기 속에서 종교의 역할을 재고하게 하는 작품이라 할 수 있다. 교회 뒤의 5평짜리 흙집에서 살았던 권정생은 평생 가난하게 살았고, 그의 시선은 늘 보잘 것 없고 힘없는 존재를 향해 있었다. 쓸모없어 보이는 존재에 대한 관심과 가난함에 대한 통찰은 곧 그리스도교의 영성과도 맞닿아 있다. 그리스도교가 가난하고 소외된 존재에 대한 관심을 강조하고, 어느 누구도 쓸모없는 존재가 아님을 역설해 온 이유는 인간의 끝없는 욕망을 경계하기 위한 것이었다고 할 수 있다. 이는 예수가 율법주의에 빠진 유대인들을 비판하면서 군중에게 당부한 가르침[마르코, 7,14-23]에 잘 나타나 있다. "너희는 내 말을 새겨 들어라. 무엇이든지 몸 안으로 들어가는 것은 사람을 더럽히지 않는다. 더럽히는 것은 도리어 사람에게서 나오는 것이다. (…) 참으로 사람을 더럽히는 것은 사람에게서 나오는 것이다. 안에서 나오는 것은 곧 마음에서 나오는 것인데 음행, 도둑질, 살인, 간음, 탐욕, 악의, 사기, 방탕, 시기, 중상, 교만, 어리석음 같은 여러 가지 악한 생각들이다. 이런 악한 것들은 모두 안에서 나와 사람을 더럽힌다."

당시 예수의 생각은 상당히 파격적이었다고 볼 수 있다. 정결예식을 통해 깨끗함을 지향하고 더러운 것을 피했던 바리사이파인들에게 예수는 사물 그 자체에는 깨끗함과 더러움의 구분은 없다고 주장한 것이다. 오히려 그는 인간의 내면에 있는 온갖 욕망이 더러움의 근원이므로, 스스로 자신의 말과 행동을 성찰하는 것이 더 중요하다고 보았다. 이러한 점에서, 그리스도교는 정결예식을 강조하는 종교라기보다는 자신의 욕망을 버리는 미덕, 자신의 욕망에 대한 회개를 강조하는 종교라 할 수 있다.

배설이나 배설물에 대해서도 불결한 대상이나 행위보다는 오히려 겸허함의 상징으로 표현되기도 하였다. 대표적인 사례로 교황의 의자인 'Sella stercoraria'가 있다. 중세시대 교황 착좌식 때 사용된 이 의자의 상판에는 구멍이 나 있어서 소위 '배변 의자'라고 불렸다고 한다. 교황이 이 의자에 앉아 있는 동안 시편 113장 7절인 "약한 자를 티끌에서 끌어 올리시고 가난한 자를 거름더미에서 끌어 내시어" 구절이 울려 퍼졌다고 한다. 교황이 배변 의자에 앉는 예식은 그에게 '그가 티끌과 거름더미에서 일어남'을 의미하는 것으로, 교황 또한 우리 인간 본성의 결점에 종속되어 있음을 상기시키기 위한 것이었다고 할 수 있다(블루메, 2005: 101-102). 또한 이 착좌식은 가톨릭의 최고 수장이 변기 의자에 앉음으로써 자신이 늘 어디에서 왔는지 기억하게 하고, 버림과 겸손의 미덕을 상기시키고자 한 예식이었다고 볼 수 있다.

오늘날 가톨릭 전통에는 이 버림[배설]의 미덕을 상기시켜주는 또 다른 종교 의례가 있다. 바로 고해성사이다. 고해성사는 자신의 생각과 말과 행위에 대한 회개에서 시작되며, 고백을 거쳐 실천적 속죄 행위인 보속으로 마무리된다. 따라서 본고는 이 일련의 고해성사 과정이 생태적 회개, 생태적 자기 고백, 그리고 생태적 보속으로 이어질 수 있다는 점을 고찰하고자 한다. 이는 생태적 반성이 종교적 의례와 실천으로 구현될 수 있다는 가능성을 보여주는 것이며, 한편 고해성사에 대한 생태신학적 재발견이 될 수도 있다. 나아가 고해성사의 실천적 속죄 행위인 보속을 성지순례와 연결지음으로써 그리스도교의 영성이 생태 위기 속에서 어떻게 되살림으로 거듭날 수 있을지 새롭게 상상하며 생태적 대안을 구체적으로 모색해 보고자 한다.

●

회개와 고해성사:
버림[배설]과 되살림의 과정

생태 위기에 대한 반성과 생태적 회개

1970년대부터 서구를 중심으로 제기되었던 생태 위기 문제는 1990년대 들어와서야 한국에서 구체적으로 논의되기 시작했다.[2] 그러나 10여 년이 지난 1999년 생태 전문가들은 당시 생태학적 관심을 중심에 두지 않는 사회를 비판하면서, 인간 존재 근거에 대한

---

2 서구에서는 1970년 영국 BBC가 생태학의 시대가 도래했다고 방송하면서, 그리고 3년 뒤 1973년 노르웨이에서 아르네 네스(Arne Næss)가 환경 문제에 대한 관점을 근본적으로 전환하자는 성명서를 발표하면서 생태 패러다임에 대해 논의하기 시작했다. 한국에서는 1989년 '한살림모임' 창립총회에서 「한살림선언문」을 발표하면서 시작되었다. 2년 뒤 1991년 「녹색평론」이 창간되었다. 가톨릭의 경우, 1990년에 주교회의 정의평화위원회가 '환경자문위원단'을 구성하였으며, 같은 해 대구대교구에서는 '푸른평화'를 발족하였다. 1993년에는 전국환경사제모임이 발족되고, 가톨릭환경연구소를 설립하였다. 이런 가운데 2001년 8월에 주교회의 차원에서 생태 사도직 영역을 총괄하는 공식 기구로서 정의평화위원회, 평신도 활동가들을 주축으로 가톨릭환경연대가 창립되었다.

뼈저린 성찰을 하지 않는다면 인간의 삶과 문화는 지속가능하지 못할 것이라 경고했다(김종철, 1999: 5). 다시 20여 년이 흐른 지금 그 우려는 현실이 되고 말았다. 특히 코로나19 바이러스 확산으로 인한 팬데믹은 인간 삶의 근간을 흔들었다. 이러한 상황 속에서 근본적인 인식의 전환, 즉 생태 위기에 대한 반성과 인간 존재 근거에 대한 성찰은 또다시 요청되고 있다.

인간 존재 근거에 대한 뼈저린 성찰을 근원적으로 다시금 해야 하는 상황 속에서, 2015년 프란치스코 교황이 반포한 『찬미받으소서: 공동의 집을 돌보는 것에 관한 회칙Laudato Si'』은 시사하는 바가 크다. 특히 코로나19가 대유행하던 2020년에 '찬미받으소서 특별 주년'을 선포했다는 점[3]에 주목하면서, 이 회칙에 내포된 생태학적 의미를 재확인할 필요가 있다. 나아가 이 회칙에서 '배설'과 '버림의 미덕'에 대한 새로운 생태학적 상상의 여지를 찾을 수 있다.

『찬미받으소서』는 교회가 발표하는 문헌들 가운데 회칙Encyclica에 해당된다. 회칙은 헌장Costituto, 교황령Costituto Apostilica, 교령Decretum과 비교하여 자구적 의미의 법적 구속력은 낮으나 수신인은 신자들뿐만 아니라 교회 밖에 있는 모든 이들을 포함하는 문헌이라 할 수 있다.

---

3 프란치스코 교황은 2015년 5월 24일 공동의 집인 지구를 돌보는 것에 관한 회칙 『찬미받으소서』(Laudato Si')를 인준, 같은 해 6월 18일 반포했다. 『찬미받으소서』는 프란치스코 교황이 주제 선정부터 집필, 발표에 이르는 전 과정을 주도한 첫 회칙이며, 교회 역사상 생태 문제를 언급한 최초의 회칙이라 할 수 있다. 2020년 5월 17일, 교황청은 『찬미받으소서』 반포 5주년을 맞아 '찬미받으소서 특별 주년'(2020. 5. 24.~2021.5.24.)을 선포했고, 2021년에는 '찬미받으소서 행동플랫폼'을 출범시켰다.

제1장 회개와 보속의 생태신학적 재발견과 새로운 상상: 배설과 되살림의 창발적 변환

또한 '순회시키다', '돌리다'라는 단어의 뜻에서 드러나는 바와 같이, 회칙은 회람하여 읽는 편지를 의미한다. 따라서 회칙 『찬미받으소서』는 신자들뿐만 아니라 "이 지구에 살고 있는 모든 이"(3항)[4] 그리고 "선의의 모든 사람"(62항)이 회람하기를 긴급히 권유하는 교회 문헌이자 '세상을 향한 교회의 선언'이라 할 수 있다. 실제로 회칙 『찬미받으소서』는 전 세계에서 가장 많은 종교 인구를 차지하고 있는 그리스도인들뿐 아니라 유엔을 비롯한 각국 정부, 정치인, 국제기구, 전 세계 환경단체 및 환경운동단체 등에서도 회자되었다(장동훈, 2018: 192-193).

교회가 '이 지구에 살고 있는 모든 이'에게 기대하는 바는 이 회칙의 구성에서도 잘 나타나 있다. 총 6장으로 편성되어 있는 회칙은 내용상 관찰-반성-제안으로 세분화된다. '관찰'에 해당되는 1장과 2장은 '공동의 집'인 지구가 처한 적나라한 현실을 묘사하고 있다. '반성'에 해당되는 3장과 4장은 생태 위기가 발생하게 된 원인과 생태론에 대한 근원적 성찰을 요청하고 있다. '제안'에 해당되는 5장과 6장은 생태 위기 극복을 위한 실천 방법을 서술하고 있다(장동훈, 2018: 193). 이러한 구성으로 볼 때, 『찬미받으소서』는 그리스도교 신자들과 '이 지구에 살고 있는 모든 이'들이 회람하는 것을 넘어 세 단계의 생태적 실천을 요청하는 회칙이기도 하다. 먼저, 우리가 살아가고 있는 이 공동의 집이 처한 위기를 직시하고[관찰 단계], 다음으로, 생태 위기가 발생한 원인에 대해 성찰하고[반성 단계], 마지막으로 행동으로

---

4   이하 『찬미받으소서』를 인용하는 경우, 회칙 명(名)을 생략하고 항만 표시하기로 한다.

실천에 옮길 것[제안 단계]을 강하게 권유하고 있다. 이러한 관찰-반성-제안의 과정은 곧 생태적 회개로 귀결된다고 볼 수 있다.

생태적 회개는 그리스도인들뿐만 아니라 '이 지구에 살고 있는 모든 이'에게 요구되지만, 『찬미받으소서』는 무엇보다도 다음과 같은 이들에게 생태적 회개가 필요하다고 강조하고 있다.

> 신심이 깊고 기도하는 그리스도인 가운데 일부는 현실주의와 실용주의를 내세워 환경에 대한 관심을 우습게 여기고 있음도 인정해야 합니다. 또 일부는 수동적이어서 자신의 습관을 바꾸려는 결심을 하지 않고 일관성도 없습니다. 따라서 이들 모두에게 필요한 것이 생태적 회개입니다(217항).

『찬미받으소서』는 교리만을 강조하고 공동의 집을 돌보는 일에는 투신하지 않는 그리스도교인들에게 특히 생태적 회개를 요청하고 있다. 왜냐하면 그들이 피조물의 고통에 대한 무관심과 외면, 피조물에 대한 잘못된 인식과 습관을 깊이 성찰하지 않는다면, 생태적 회개는 "피조물들과의 화해"(218항)로 이어질 수 없기 때문이다. 생태적 회개는 피조물에 대한 그리스도인의 내적 변화와 피조물을 향한 참된 회개에서 시작된다고 볼 수 있다. 피조물에 관한 성찰을 하기 위해서는 피조물에 대한 새로운 상상과 해석이 요구된다.

일반적으로 피조물은 창조 신학에 근거하여 신에 의해 창조된 모든 것을 일컫는다. 특히 인간을 포함한 동물 그리고 태양, 달, 물, 산, 흙과 같은 자연만이 피조물이라 여겨왔다. 그런데 『찬미받으소서』에서는 "물질세계 전체는 하느님의 사랑, 곧 우리에 대한 무한한 자애를 나타낸다"(84항)고 하면서, 이 세계에 존재하는 모든 물질은 신의 창조 사업 안에서 저마다의 고유한 가치와 의미를 지니고 있음을 강조한다. '하느님이 존재하는 모든 것을 사랑하고, 모든 것이 하느님의 것'(85항, 각주 55)이라고 한다면, 피조물인 인간과 동식물에서 나오는 배설물 또한 넓은 의미에서 '하느님의 것'에 속한다고 상상해 본다. 더욱이 권정생의 『강아지똥』 이야기처럼, 똥이 보여주는 선한 영향력은 "모든 것을 통하여 하느님께서 우리에게 주고자 하시는 가르침"(85항)으로 새롭게 해석될 수 있다. 즉 똥에 대한 물리적 성질을 넘어 '하느님의 것'으로 성찰할 때, 가장 하찮은 똥조차도 하느님 사랑의 대상이라는 것을 깨달을 때, 그때 인간에게 생태적 회개가 일어날 수 있을 것이다.

따라서 생태적 회개는 피조물에 대한 연민을 일시적으로 혹은 일회적으로 배출시키는 감정이 아니다. 자신의 내면에서 끊임없이 올라오는 피조물을 향한 착취의 욕망을 배설하는 순간이라 할 수 있다. 이러한 순간은 인간의 말과 행위를 통해 끊임없이 상기되어야 한다. 버림의 순간을 상기시켜주는 것이 바로 가톨릭의 고해성사라 할 수 있다.

생태적 자기 고백의 행위, 고해성사

회칙 『찬미받으소서』는 성사聖事를 "하느님께서 어떻게 자연을 받아들이시어 초자연적 생명을 전달해 주시는 수단으로 삼으시는지를 보여주는 특권적 방식"(235항)이라 규정한다. 이는 피조물과의 관계 회복을 위해 그리스도인이 성사적 삶을 사는 것이 얼마나 중요한지 보여주는 문구라 할 수 있다. 한편 기존의 환경운동에 대한 또 다른 대안으로 가톨릭 교회가 특히 신자들에게 성사적 삶을 권유하는 것이라 할 수 있다.

회칙에서는 칠성사七聖事5 가운데 세례성사와 성체성사에 대해 강조하고 있다. 그러나 세례성사가 일생에 한 번 행해지는 일회적 성사라는 점, 성체성사는 칠성사 중에 가장 중요한 성사이기는 하나 의례[미사]를 하는 가운데 거행된다는 점에서, 두 성사 모두 시간적, 공간적 제약을 받을 수밖에 없다. 반면 고해성사는 성체성사와 함께 수시로 정기적으로 이루어지는 신앙 행위로서 신앙인 개개인의 적극적인 참여 의지와 자발성이 요구된다. 일상에서 피조물에 대한 신의 계시를 알아차리고, 그 알아차림을 지속적으로 성찰하는 것이 고해성사의 시작인 것이다(하성용, 2009: 23-24).

> 교회는 전례력으로 참회의 날과 시기를 제정해 놓고 있지만 참회의
> 삶을 전례력의 시기를 넘어 서서 신자들의 일상생활 안에 다양한
> 형태로 드러나고 표출된다. 신앙의 삶은 주님께로 향하고자 하는
> 인생의 근본적인 방향 전환이기에 신자들은 하느님과 교회와의 관

---

5 신앙의 관점에서 성사는 신앙을 전제하고 신앙을 기르고 굳건하게 하고 신앙을 드러내는 본질을 갖기 때문에 신앙의 성사들이라 할 수 있다. 성사는 그리스도인들과 불가분의 관계를 맺고 있다. 그리스도인 들은 성사와 긴밀한 연관을 맺으면서 하느님의 자녀로서 자신의 정체성을 확립해 간다. 따라서 가톨릭에서 성사는 신앙의 구체이고도 실천적인 삶이고, 인간 삶의 체험이며, 또한 구원에 대한 온전한 표지이다(헤링, 1999: 212). 칠성사는 세례, 견진, 성체, 고해, 병자, 성품, 혼인 성사로 구분된다.

계 안에서 내적 참회의 삶을 살아가며 나아가 이러한 면들은 그리
스도께서 제정하신 고해성사라는 성사적 측면으로 드러난다. 이는
회개와 참회가 죄의 고백과 사죄를 통한 전례적이고 성사적으로 교
회의 삶 안에 자리 잡고 있기 때문이다(예정출, 2007: 249-250).

초대 교회(2-6세기) 시대에 고해성사는 대죄의 경우에만 청하였고, 세례성사와 마찬가지로 반복할 수 없는 일회적인 사건이었다. 이러한 특성으로 인해 죄를 지은 사람은 임종까지 참회를 최대한 미루면서 개인적으로 하느님과 관계를 타협하려는 움직임이 생겨나기도 했다. 또한 죄에 대한 보속이 지나치게 강조되면서 각 개인의 내적 회개는 간과되기도 하였다. 당시 참회는 자신이 속한 공동체에서 공적으로 치러야 할 행위였다. 7세기 이후 고백자들이 자신들이 원할 때 고해성사를 볼 수 있는 제도가 마련되면서, 고해성사는 사적인 형태로 변화되기 시작했다. 1215년 라테란 공의회를 거치면서 1년에 한 번은 고해성사를 보게 하는 의무가 생겨났다.[6] 트리엔트 공의회(1545-1563) 이후에는 고해성사를 더 자주 볼 수 있도록, 대죄大罪뿐만 아니라 소죄小罪에 대한 고백도 포함시켰다. 르네상스 시대를 거치며 사적인 속죄행위는 구원을 향한 여정의 일부인 칠성사 중의 하나인 고해성사로 자리 잡게 된 것이다. 그러나 여전히 많은 신자들에게 정기적인 고백성사는 의무 그 이상의 의미를 갖지 못했다(송현섭, 1989: 27-33).

---

6 1년에 한 번 의무적으로 고해성사를 보는 것은 길고 고통스러웠던 참회작업, 보속을 통한 벌과 속 죄의 의미보다는 그리스도의 비유에서(길 잃은 어린 양, 잃어버린 은화, 탕자) 볼 수 있는 영혼의 치유에 더 큰 가치를 부여하게 되었다는 것을 의미한다(송현섭, 1989: 31).

오늘날에도 가톨릭 신자들은 고해성사에 대한 편견이나 부담을 가지고 있는 듯하다. 죄 고백에 대한 부담뿐만 아니라 고해성사의 필요성을 느끼지 못하는 경우도 많다. 고해성사의 의미가 점점 퇴색되어 가는 상황 속에서, 이 글에서는 고해성사를 두 가지 관점에서 생태신학적으로 고찰하고자 한다.

첫 번째는 고해성사Sacramentum paenitentiae의 어원적 의미이다. '참회'를 뜻하는 라틴어 Paenitentia는 그리스어 Metanoia의 번역이다. 메타노이아는 '정신세계', '관념세계'를 가리키는 누스nus와 '함께' 혹은 '뒤에, 후에'를 의미하는 메타meta의 합성어로서 문자적 의미로 '정신세계와 함께'를 뜻한다. 그래서 메타노이아에 상응하는 라틴어 단어는 Paenitentia라기보다는 오히려 Conversio(회심)에 가깝다. Conversio는 '돌아가다'라는 뜻인 Vertere와 '함께'라는 의미인 com이 합쳐진 단어로서 '함께 돌아가는 것'을 의미한다. 따라서 회심은 '하느님의 정신세계와 함께 돌아가는 것'이 된다(송봉모, 1999: 95-97). 그렇다면 Paenitentia가 Metanoia와 직접적인 관련은 없으나 Paenitentia가 Metanoia에서 유래한다는 점에서, Paenitentia는 곧 '사고방식을 바꾸는 것', 즉 '하느님의 정신과 함께 이루어지는 전인적 변화'를 뜻한다고 볼 수 있다. 회개는 단순히 마음의 변화나 윤리적인 변화를 넘어 고백하는 사람의 내적 자세를 드러내는 단어인 것이다. 따라서 죄의 고백은 곧 하느님과 이웃, 그리고 세상과의 관계에서 자세나 사고방식을 바꿈으로써 속죄될 수 있는 것이다. 그렇다면 『찬미받으소서』에서 강조하는 생태적 회개는 "모든 사물의 공통 원천에 관한 성찰"(11항)을 통해 그 사물을 "단순히 이용하고 지배하기 위한 대상으로 삼는 것을 거부"(11항)하고 "세상을 해결해야 할 문제 이상의 것으로, 감사와 찬미로 관상해야 하는 기쁜 신비"(12항)로 변화시키는 것이라 할 수 있다.

다음으로, 고해성사에 내포된 자기 관찰과 자기 인식이다. 트리엔트 공의회를 통해 고해성사의 제도화가 마련되고 고해성사를 보는 신자들의 수도 증가했다고 하더라도, 대부분의 신자들에게 고해성사는 영적 성장보다는 여전히 죄의식을 벗어나기 위한 수단으로 인식되었다. 1700년대 기록은 제도화된 고해성사의 폐해에 대해 다음과 같이 묘사하고 있다.

> 사람들이 양심에 대해서는 생각을 전혀 해보지도 않고 온다. 그들은 교회로 달려와서 고백성사 의자로 막 몰려가고 제일 먼저 고백성사를 하겠다고 서로 주먹질까지 해댄다. [...] 그들은 아무 일도 하지 않고 자신에 대해 아무런 반성도 하지 않는다. 그들은 웃어대고 얼마나 살기가 어렵고 얼마나 가난한지 이야기하고 잘못했다고 말들은 하지만 신부들이 죄를 지은 것을 비난하면 온갖 변명을 다 주워섬긴다. 그들은 이웃 사람을 헐뜯고, 이 세상 전체가 다 문제라고 하면서 자신은 죄가 없다고 한다. 한마디로 그들은 고해성사에서 모든 것을 다 하지만 꼭 해야 하는 것 한 가지만은 하지 않는다. 솔직하게 그리고 아픈 가슴으로 모든 죄를 고백하는 것, 그 한 가지 말이다(반 될멘, 2005: 79).

양심 성찰이 없는 고해성사는 개인적 속죄행위의 폐해일 수 있다. 더구나 신자들이 고백신부 앞에서 죄를 고백하고, 그에 합당한 속죄를 하면 구원에 필요한 은총을 보장해 주는 속성으로 인해 종교개혁가들은 가톨릭의 고해성사를 통제의 수단이라고 비판하기도 하였다. 신자들의 죄를 사해주는 사제들의 권한에 대해서도 강하게 공격하였다. 그러나 종교개혁가들은 고해성사 제도만을 폐지했을 뿐 죄의 고백과 속죄행위를 포기한 것은 아니었다. 그들도 고해성사의 종교적 의미를 포기하지 않았다는 점에 주목할 필요가 있다. 종교개혁가들의 비판과 신자들의 불성실한 태도에도 불구하고, 가톨릭의 고해성사는 "많은 사람들에게 자기만의 개인 문제나 공적인 문제를 '중립적인' 사람과 의논할 수 있는 가능성을 제공"(반 될멘, 2005: 80)해 주었다.

> 사람들이 자기 이야기를 하지 않고 이에 대해 거의 침묵하는 사회에서는 고백신부가 아주 은밀한 문제까지 도덕적인 충고를 해줄 수 있는 유일한 사람이었다. [...] 죄 지은 자에게 겁을 주고 신도에게 고백성사와 참회를 하도록 만든 것은 지옥에 대한 두려움만이 아니라 기독교인으로 살려는 소망, 기독교인으로 합당하게 삶을 살겠다는 소망이었다(반 될멘, 2005: 83).

당시 가톨릭 신자들에게 고해성사는 매일의 일상 행동을 성찰하고, 이를 개선하겠다고 결심하는 신앙 행위였던 것으로 보인다. 특히 고해성사에서 자기에 대한 이야기, 즉 자신에 대한 성찰을 말로 표현했다는 것은 양심적으로 살겠다는 의지의 표명이라 할 수 있다. 의무적이고 정기적으로 이루어진 개인적 고해성사는 죄의식과 죄에 대한 인식뿐만 아니라 신자들에게 자기 인식과 자기 확신을 강화시켜주는 제도였다. 그래서 역사학자인 될멘은 이러한 가톨릭의 고해성사를 "개인의 도덕화 과정을 촉진시켰고, 그럼으로써 개인의 양심이 형성되는 데 상당히 기여했다"(반 될멘, 2005: 83)고 평가했다. 고해성사는 양심의 가책을 말로 표현하는 자발적 회개와 그리스도교적 삶에 대한 소명을 강화시켜 준 제도였다.

이러한 관점에서 볼 때, 가톨릭의 고해성사는 생태적 회개와 연결하여 새롭게 재해석될 필요가 있다. 회칙『찬미받으소서』에 따르면, 피조물과 화해하기 위해서는 '자신의 삶을 성찰하고, 마음을 바꾸는 경험'이 필요하다.[7] 그런데 신자들이 생태 문제에 대해 얼마나 자주 깊게 반성을 하고 있는지, 자신의 일상에서 어떻게 생태적 실천을 하고 있는지 스스로 확인하는 것은 쉽지 않다. 더구나 교회는 생태적 회개를 개인의 양심에만 맡기고 있는 듯 보인다. 생태적 회개가 중요한 시대적 요청임에도 불구하고 공허한 외침이 되지 않기 위해서는 고해성사가 생태적 자기 고백을 할 수 있는 자발적 회개의 장(場)이 되어야 할 것이다. 가톨릭 신자라면 자발적으로 고해신부에게 찾아가 피조물에 대한 죄를 자신의 말로 고백하고 통회할 수 있어야 할 것이다. 고해성사를 통해 진정으로 용서를 구할 때, 생태적 회개는 '하느님의 정신'과 함께 모든 사물과의 관계를 재정립하고 피조물들과 화해하는 내적 변화로 나아갈 수 있다. 즉 생태적 고백이 일상에서 경험하

---

7 "이러한 화해를 이루려면 우리의 삶을 성찰하며 우리의 행위와 방관으로 어떻게 우리가 하느님의 피조물에 해를 끼쳐 왔는지 깨달아야 합니다. 우리는 회개, 곧 마음을 바꾸는 경험이 필요합니다."(218항)

종교와 똥, 뒷간의 미학

는 피조물을 향한 욕망을 배설하는 순간이라고 한다면, 고해성사는 그 배설의 순간을 생태적 자기 고백을 통해 확인하고, 나아가 피조물과 화해를 통해 관계를 재정립하는 되살림의 시간이라고 할 수 있다.

●
고해성사의 창발적 되살림

생태적 속죄 행위, 보속

일반적으로 고해성사는 사죄라고 하는 성사 집행자의 행위와 고백자의 세 가지 행위, 즉 고백자의 죄의 고백, 통회 그리고 보속으로 구분된다(세네, 1987: 35). 시대에 따라 부과된 보속은 다양하게 변천해왔다. 초기 교회 시대에 부과된 보속은 참회 기간 동안의 금식, 금육, 금주, 자루를 뒤집어 쓰고 무릎을 꿇고 기도하기, 또는 전례 중에 다른 이들에게 기도를 청하기 등이었다. 고해자들은 이 보속을 엄격하게 지켜야 했다. 보속 실천의 어려움은 많은 신자들의 양심 성찰을 무디게 했고, 참회성사의 참여 의지를 저하시켰다(송현섭, 1989: 27-28). 중세시대에도 보속이 과중하여 고해자들은 보속을 돈으로 해결하거나 보속을 대신해 줄 사람을 구하기도 하였다(송현섭, 1989: 30-31). 이처럼 보속이 변칙 적용되자, 트리엔트 공의회 때 보속의 의미를 다음과 같이 명시하였다.

> *참회성사 때의 보속은 두 가지 목적을 가지고 있다. 죄는 보상해야 할 요소로서 부분적으로나 전체적으로 기워 갚아야 할 벌이며, 사죄로써 사해진다. 이런 의미에서 볼 때, 보속은 지은 죄에 대한 보복 혹은 벌일 것이며, 다른 하나의 목적은 죄가 영혼 안에 심어준 나쁜 습관에서 벗어나게 하고, 장래에 죄인들이 더욱 조심하도록 하는 수단이다(송현섭, 1989: 33).*

오늘날에는 고해사제가 죄의 경중과 고해자의 개인적 상황을 고려하여 보속을 주고 있다. 보속에는 일반적으로 기도, 헌금, 자선 행위, 이웃을 위한 봉사, 절제나 희생 등이 있다. 또한 고해자가 누구보다도 자신을 잘 알고 있으므로 자발적으로 보속을 정하여 고해사제에게 제안할 수도 있다(손희송, 2007: 49). 보속을 고해사제가 정해주기도 하지만, 고해자 자신이 스스로 제안할 수 있다는 점은 보속이 단지 지은 죄에 대한 대가를 치르는 수동적 보상행위가 아니라는 것을 의미한다. 이는 트리엔트 공의회에서 보속의 의미를 '죄가 영혼 안에 심어준 나쁜 습관에서 벗어나게 하고, 장래에 죄인들이 더욱 조심하도록 하는 수단'이라고 말한 것과 같은 맥락이라 할 수 있다. 실제로 가톨릭 교회는 보속이 사제가 정해준 것에 그쳐서는 안 되며, 하느님의 부르심에 응답하기 위한 증거가 되어야 한다고 말한다(헤링, 2007: 49).

'장래에 더욱 조심하도록 하는 적극적 수단'으로 보속의 의미를 재고찰해야 하는 이유는 피조물에 가한 인간의 폭력과 착취를 말로만 통회하고 고백하는 것으로 끝내면 안 되기 때문이다. 인간이 '공동의 집'에 끼친 해악을 갚기 위해서는 고해성사 때 받은 생태적 보속으로

'되살림'을 입증해야 한다. 이를 위하여 서울대교구 환경사목위원회에서 배포한『기후 변화 극복을 위한 '하늘땅물벗' 본당 활동 안내서』(이하 본당 활동 안내서)[8]의 내용을 하나의 사례로 살펴보기로 한다.

『본당 활동 안내서』는 회칙『찬미받으소서』의 정신과 내용을 각 교회에서 또는 신자들이 어떻게 각자의 생활 안에서 구현하고 실천해야 하는지를 안내하기 위한 목적으로 제작되었다(천주교 서울대교구 하늘땅물벗, 2019: 9). 특히『본당 활동 안내서』는 뒤의 목차에서도 나타나는 바와 같이 범지구적인 기후 위기 상황 속에서 온실가스 감축을 위한 실천 방법을 구체적으로 소개하고 있다. 예를 들어, 에너지 효율이 높은 교회 건물로 리모델링하기, 교회 차량을 소형이나 전기자동차로 교체하기, 교회 내 에너지 사용량을 모니터링하기, 교회에 태양열과 같은 재생 에너지 시스템 구축하기 등을 실제 적용된 사례와 함께 자세히 설명하고 있다. 또한 각 신자들의 생태적 회개를 촉진하는 교회 차원의 생태영성 교육을 강조함으로써 각 가정에서 온실가스를 감축할 수 있는 방법을 제시하고 있다. 마지막으로 각 교회가 신앙을 바탕으로 공동선을 지향하며 환경 운동 및 구호 단체들과 연대할 것을 요청하고 있다. 전 세계 가톨릭 신자들을 비롯한 '세상의 모든 이'가 회칙『찬미받으소서』를 회람하는 것으로 끝나는 것이 아니라

---

8   서울대교구 환경사목위원회는 세계적인 가톨릭 환경운동 단체인 '가톨릭기후행동(GCCM, Global Catholic Climate Movement)'이 전 세계 교회, 특히 본당 단위 환경보호 실천을 위해 펴낸 지침서를 번역하고, 한국 교회 사정에 맞게 편집하고 국내 사례를 보완하여 2019년『기후 변화 극복을 위한 '하늘땅물벗' 본당 활동 안내서』를 펴냈다.

『본당 활동 안내서』를 통해 생태적 실천을 구체적으로 제시하고 있다는 점에서 그리고 '버림과 되살림'을 위한 적극적 참여를 유도하고 있다는 점에서 매우 의미있는 시도라 할 수 있다. 또한 '저탄소 녹색 교회'를 지향하며 각 본당에서 적극적으로 생태적 운동을 펼치고 있는 평신도 단체인 '하늘땅물벗'의 활동은 앞으로 매우 기대된다.

'기후 변화 극복을 위한 '하늘땅물벗' 본당 활동 안내서' 목차	
1. 본 안내서에 대하여	4. 본당 신자 교육
2. 어떻게 시작할 것인가	4.1 하느님의 창조보전에 관한 영성 교육
3. 본당에서의 온실가스 감축	4.2 기후 친화적인 생활양식에 관한 교육 자료
3.1 에너지 사용량 모니터링	4.3 가정 탄소발자국이란
3.2 에너지 낭비 없애기	4.4 가톨릭 학교 및 성인 교육 프로그램
3.3 지속적인 에너지 절감	4.5 신자들의 실천
3.4 에너지 절약 기술에 투자	5. 지지와 연대
3.5 재생 에너지로 전환	5.1 강력한 세계 기후 정책의지지
3.6 그 외의 에너지 절약	5.2 기후 변화의 희생자들과 연대하기
	5.3 기후 변화 적응과 복원력 구축

『본당 활동 안내서』는 '신자들이 교회 지도자들과의 일치 안에서 프로젝트 및 활동을 추진하고, 그 활동의 결과를 평가하고, 다시 교회 지도자들에게 보고'할 것을 제안한다. 그런데 이러한 위로부터의 생태운동은 각 지도자들의 의지와 역량에 따라 부침을 거듭할 수밖에 없다. 그리고 『본당 활동 안내서』에 제시된 실천 항목 가운데에는 이미 수십 년 전부터 해왔던 것들이 있다. 예를 들어 '아나바나 벼룩시장', '도농 간 직거래를 통한 먹거리 나눔 활동', '폐식용유를 모아 비누 만들기', '육류 소비 줄이기', '겨울철 내복 입기', '부채 사용하기',

'전구 한 등 끄기', '분리수거 하기', '일회용품 사용 줄이기' 등이 있다. 이 실천 항목은 생태운동이 시작되었을 때부터 항상 언급한 것들이다. 생태 위기가 더욱 악화된 상황 속에서 예전과 같은 실천을 강조하는 이유는, 이 운동들이 생태적 실천을 하는 데 있어 매우 중요한 의미를 갖고 있거나, 아니면 신자들이 적극적으로 실천하고 있지 않기 때문일 것이다. 그러나 이보다 더 근원적인 이유는 생태 위기라는 거대한 재난 앞에서 개인들이 할 수 있는 일이 때로는 너무나도 미약하게 느껴질 때가 많기 때문이다.

> 가계의 소비를 조금 줄인다거나 전구를 절약형 형광등으로 바꾼다거나 해도, 그것이 결코 큰 문제의 해결책이 되지 못한다는 좌절감이 들어요(러미스, 신이치, 2010: 146).

결국 개인이 생태적 실천을 하면서 경험하는 무력감은 자신의 작은 행동과 커다란 문제를 연결시키지 못했기 때문에 발생한다고 볼 수 있다. 실제로 생태 문제를 다루고 있는 많은 다큐멘터리는 줄곧 지구온난화와 기후변화의 공포를 준 뒤, 마지막에 우리가 할 수 있는 몇 가지 사소한 실천 목록을 제시하고 마무리한다. 이는 문제의 거대함과 실천 행위의 왜소함 사이의 충격만 남길 뿐, 오히려 문제에 대한 근원적인 해결을 회피하는 결과를 가져올 수 있다. '전구를 절약형으로, 형광등을 LED로 바꾸는 것'과 같은 문제 해결 방법을 제시하기보다는, 그 이상의 모색이 필요하다. 즉 '하나를 없애고 또 다른 새로운 것을 도입하는 것보다 더 근원적으로 필요한 것은 '쓸모없다고 치부한 것들을 재발견할 수 있는 안목'과 '쓸모없는 것들을 되살리기 위한 생태학적 상상력'이라 할 수 있다. 대표적인 사례로 '텃밭 가꾸기', '게릴라 가드닝', '녹색 게릴라' 등의 '농적農的 생활하기'가 있다(러미스, 신이치, 2010: 146-147). 농적 생활은 농경 생활로의 복고復古를 의미하는 것이 아니라, 소비활동에서 생산적 활동으로의 전환이라 할 수 있다. 먹을 것, 볼 것을 스스로 생산함으로써 시간의 흐름에 따른 생명의 순환을 스스로 경험하는 농적農的 생활로의 부활인 것이다. 농적 생활은 현대인들이 대도시 기반시설에 빌붙어 사는 것이 아니라 자신이 사는 지역을 재발견하고, 자신을 둘러싼 사물과 주체적으로 관계를 맺으며 삶을 영위하는 것이라 할 수 있다. 실제로 세계 인구의 50%가 도시에 살고 있고, 2050년에는 70%까지 늘어날 것으로 예상된다는 점을 고려한다면, 도시 농업은 농적 생활을 위한 구체적인 해법이 될 수 있다(맥도나, 2017: 189).

이제 보속의 의미를 이러한 농적 생활과 관련지어 생각해 본다면, 생태적 회개에 따른 생태적 보속은 '~하지 않기', '~ 줄이기'와 같은 소극적인 실천을 넘어 피조물과의 화해를 위한 방법을 스스로 찾는 '~하기'에서 시작되어야 할 것이다. 또한 보속으로 주어지는 '기도, 헌금, 자선행위, 이웃을 위한 봉사, 절제나 희생'을 피조물과의 화해를 위한 도구로 어떻게 쓰일 수 있을지 스스로 제안할 수도 있어야 할 것이다. 나아가 생태적 보속을 생산적 활동으로 전환시킬 수 있는 발상의 전환도 요구된다. 이 글에서는 그 예로 '걷기 순례'를 제안하고

자 한다. 가톨릭 신자들에게 익숙한 순례를 재발견함으로써, '걷기'와 '순례'가 어떻게 '창발적 되살림'으로서의 생태적 보속이 될 수 있는지 다음 절에서 고찰해 보기로 한다.

걷기 순례를 통한 생태적 보속과 공동체적 되살림

그리스도교에서 순례는 하느님과 관련된 성스러운 땅을 방문하여 예배를 드리고, 기도, 회개, 보속, 감사 등의 경신敬神 행위를 하는 것을 말한다. 즉 순례는 그리스도의 발자취를 따르는 적극적 믿음의 표현이라 할 수 있다. 순례는 신자들의 신앙생활 쇄신과 내적 변화에 영향을 주며 꾸준히 발전돼 왔다. 순례는 신에 대한 흠숭, 성인에 대한 존경의 의미뿐만 아니라 회개하는 행위로도 인식되었기 때문에, 신자들은 순례를 통해 자신의 죄를 용서받고자 하였다 (Müller, 2006: 426-427). 이때 회개를 위한 순례는 개별적 처벌이었다. 8세기 이후부터 순례는 신자들의 의무에 속한다는 관습이 생겨나 순례단이 조직되기도 하였는데, 이때 회개를 위한 공적인 순례와 사적인 순례가 구분되기 시작하였다. 13세기가 되면서 참회를 위한 순례는 세 가지의 형태, 즉 주교에 의해 부과된 공적 고해, 어느 교구의 성직자나 명령할 수 있는 비교적 덜 엄격한 고행, 숨겨진 죄에 대한 개개인 스스로 행하던 고행으로 구분되었다. 또한 죄의 대가를 치르기 위해 순례길에 오른 자들 가운데 도둑질, 폭력행위, 간음, 살인 등을 저지른 범법자에게는 그 범행의 정도에 따라 순례의 거리나 어려움을 계산해 순례를 강제 집행하기도 하였다(이광주, 1992: 130-133). 중세시대에 순례는 신자들이 반드시 완수해야 할 통과의례로서 육체적 고행을 감수하며 그리스도의 수난을 추체험하는 '고행'이자 영적인 단련을 하는 참회 행위였다.[9] 나아가 새로운 사람으로 거듭나게 하는 보속의 행위이기도 했다.

> 평원 저 끝 17킬로미터 떨어진 곳에 샤르트르 대성당의 종탑이 보인다. 때때로 종탑은 굽이치는 언덕, 숲의 곡선 뒤로 사라져버린다. 내 눈에 그 종탑이 보이자마자 나는 황홀한 마음을 가눌 수가 없었다. 더 이상 피곤도 다리 아픈 것도 아무것도 느껴지지 않았다. 모든 불순한 것이 단번에 떨어져 나갔다. 나는 딴사람이 되었다(르 브르통: 236).

무엇보다도 중세와 르네상스 시대의 순례자들은 목적지까지 자신의 두 발로 걸어야 했다. 심지어 어떤 순례자는 더 많은 은혜를 받기 위해 혹은 죄의 대가로 신을 신지 않고 맨발로 걸었다. 사회학자인 브르통은 당시 순례자의 걷기 행위를 다음과 같이 해석했다.

> 순례자란 무엇보다 먼저 발로 걷는 사람, 나그네를 뜻한다. 그는 여러 주일, 여러 달 동안 제 집을 떠나 자기 버림과 스스로에게 자발적으로 부과한 시련을 통해서 속죄하고 어떤 장소의 위력에 접근함으

---

9   순례자는 가난해야 했고 죽기를 각오해야 했다. 그래서 순례자는 출발하기에 앞서 유언을 썼고, 출발 직전에 미사와 고해성사를 치르고 축복을 받으며 순례길에 올랐다. 예를 들어, 부유한 사람은 자신의 재산을 수도원에 기부한 뒤 순례길에 올랐고, 죽기를 각오했으나 살아서 돌아온 뒤에는 수도사가 되었다. 빚이 있는 자는 모두 갚고, 도둑질한 자는 그것을 주인에게 돌려주고 떠났다(이광주, 1992: 131).

로써 거듭나고자 한다. 이러한 순례는 신에 대한 항구적인 몸바침이
며 육체를 통하여 드리는 기나긴 기도다(르 브르통, 2000: 232).

　　과거 그리스도교인들이 로마로, 예루살렘으로, 산티아고 데 콤포스텔라로 순례를 걸어서 떠났던 것처럼, 오늘날에도 그리스도인들은 자신의 죄를 참회하고 영적 변화를 갈망하면서 걷고 또 걷는다. 그 대표적인 예로 '천주교 서울 순례길'이 있다. 2018년 9월 14일 천주교 서울대교구는 서울시와 서울관광재단과 함께 4년여 동안 준비하여 '천주교 서울 순례길'을 아시아 최초의 교황청 공식 국제 순례지로 선포했다. '천주교 서울 순례길'은 세 개의 코스, 즉 1코스 말씀의 길 (8.7km, 도보 약 3시간 소요), 2코스 생명의 길(5.9km, 도보 약 2시간 30분), 3코스 일치의 길(29.5km, 도보 약 8시간)로 구성되어 있다. 이와 함께 2020년에는 김대건 신부 치명 순례길(12.7km, 도보 약 4~5시간)이 포함됐다. 각각의 코스에 거리와 도보 소요 시간이 표기되어 있는데, 이는 '천주교 서울 순례길'을 하려는 사람들은 모두 걸어서 순례의 여정에 참여해야 한다는 것을 의미한다.

　　과거와 마찬가지로 오늘날에도 '걷기'는 순례 여정에서 중요한 의미를 담고 있다. 먼저 걷기는 세계를 온전하게 경험하게 함으로써 인간 자신의 내면의 길을 찾아가게 한다. 걷기로 인한 육체적 고통과 마음의 불편함은 오히려 "그 무시무시한 괴로움의 씨앗이 아니라 자기 변신, 자기 버림의 요구, 다시 세상으로 나아가 길과 몸을 한 덩어리로 만드는 연금술을 발견해야 한다는 요청"(르 브르통, 2000: 253)이다.

이러한 의미에서 걷기 순례를 한다는 것은 고해성사에서 고백했었던 버림[배설]의 순간을 기억하고, 피조물과의 관계를 재정립하는 되살림의 시간을 길 위에서 육체적 고통과 마음의 불편함 속에서 재확인하는 과정이라 할 수 있다. 나아가 자신이 걸어가는 그 길을 재발견하고, 자신을 둘러싼 사물과 화해와 일치의 길을 가는 것이라 할 수 있다. 이로써 걷기 순례는 통합적 생태론에 기반한 생태적 보속으로 확장될 수 있다.

'천주교 서울 순례길'처럼 한국에 있는 대부분의 순례길은 대도시 혹은 중소 도시가 연결된 곳에 형성되어 있다. 이러한 순례길의 환경적 조건은 순례자들에게 도시를 탈출하여 자연 속에서 걸으며 성찰하는 것이 생태적 회개가 아니라는 것을 말해 준다. 오히려 도시의 길 위에서 환경의 위기와 사회 위기를 직면하고, 그 해결책으로 "소외된 인간의 존엄 회복과 동시에 자연 보호를 위한 통합적 접근"(139항)을 시도하는 것이 생태적 회개에 따른 생태적 보속인 것이다.

회칙 『찬미받으소서』는 그리스도교의 영성이 "소비에 집착하지 않고 깊은 기쁨을 누릴 수 있는 예언적이고 관상적인 생활 방식"(222항)임을 설명하면서 그리스도인들은 그 영성적 가르침을 받아들일 필요가 있다고 강조한다. 한편 "그렇다고 해서 기술이 마련해주는 기회들을 거부할 생각은 전혀 없다."(112항)고 하면서 과학기술이 "좀 더 건전하고 인간적이고 사회적이며 온전한 발전에 이바지할 수 있어야" 함을 제안하고 있다. 그렇다면 걷기 순례 또한 신자들만의 종교적 고해인 생태적 보속으로 끝날 것이 아니라 이 생태적 보속을 과학

기술을 활용하여 좀 더 인간적, 사회적으로 온전한 발전에 이바지할 수 있는 '창발적 되살림'으로 상상하고 모색할 필요가 있다. 그 예가 5~6년 전부터 나오기 시작한 스마트폰 '걷기 리워드 앱'을 활용하는 방법이다.

　건강을 위해 허리에 찼던 만보기는 이미 사라졌지만 기능은 지피에스GPS나 내장 센서를 탑재한 스마트폰으로 옮겨져 칼로리 소모량 계산, 수면 패턴 분석 등 이전보다 훨씬 다양하게 활용되고 있다. 그 가운데 소위 '걷기 리워드 앱'은 걷기를 통해 건강뿐만 아니라 금전적 보상과 선행의 보람까지 챙길 수 있는 기능들이 포함되어 있어 특히 걸을 기회가 점점 줄어드는 현대인들에게 인기가 많다. '보상형 걷기 리워드 앱'을 이용하면 걷는 만큼 돈이 쌓여 동기 부여가 쉽다는 장점이 있는데, 이러한 소소한 금전적 보상을 선한 영향력으로 활용한 앱이 '기부형 걷기 리워드 앱'이다. 이는 기부 캠페인에 나선 기업과 비영리단체와 기부 참여를 원하는 사람들을 연결해주는 기부 서비스 앱으로, 사용자의 걸음 수가 캠페인 목표 걸음을 달성하면 이를 기부금으로 전환해 기부를 진행하는 방식으로 이루어진다.[10]

　'기부형 걷기 리워드 앱'은 걸음 기부 캠페인을 통해 사회공헌 활

10　대표적인 '기부형 걷기 리워드 앱'으로 '빅워크'가 있다. 빅워크 사용자 수는 2020년 11월을 기준으로 10만 명을 돌파했다. 또한 지금까지 298개의 기관이 참여해 85만 명의 참가자들과 함께 663억 걸음, 거리로 환산하면 약 4,300만km를 달성하였으며 누적 약 70억의 기부금을 모금했다고 밝혔다. 이 밖에도 아모레퍼시픽은 '렛츠워크' 앱을 통해 걸음 수를 적립하고 목표 걸음 수를 달성하면 동물자유연대에 기부금을 전달하고, 참여자들에게는 뷰티포인트를 제공하고 있다 (Nanum Kyeongje News, 2021.02.17.).

제1장 회개와 보속의 생태신학적 재발견과 새로운 상상: 배설과 되살림의 창발적 변환

동과 홍보 효과를 함께 누릴 수 있기 때문에 기업들의 적극적 참여를 유도할 수 있다. 기부자들에게는 가장 평범하면서도 특별한 미션을 부여받음으로써 소액이라도 재미있고 의미있게 기부할 수 있다는 자부심을 준다는 점에서 주목할 만한 기부 시스템이라 할 수 있다. '보상형 걷기 리워드 앱'은 걷기를 통한 사회적 가치 창출의 예를 보여주는 전형이라 할 수 있다.

'보상형 걷기 리워드 앱'의 사례를 살펴보면서 '걷기 순례 마일리지' 앱이 개발되어 순례에서 걷기 행위가 개인적 차원에서 버림[배설]을 창조적으로 되살리는 생태적 보속의 의미를 갖는 동시에 자신의 걸음 수가 기부로까지 이어지는 즐거운 상상을 해본다. 순례자의 걸음이 힘 있는 이익 집단이 주도하는 개발 사업에 희생되는 가난한 이들과 연대하는데, 생태계 파괴 현장을 보면서도 피조물을 지키기 위한 파수꾼 역할을 제대로 해내지 못한 자신을 성찰하며 사회적 가치를 창출하는 새로운 걸음이 될 수도 있겠다는 상상을 하는 것은 분명 의미있는 일이라 할 수 있을 것이다.

●
새로운 상상의 실현을 고대하며

두 개의 이야기가 있다. 하나는 지리산 배티재에 꼭꼭 숨어 있는 곳에 관한 이야기이다. 이 은둔소는 에너지 제로로 살아갈 수 있는 방식으로 설계되어 있다. 전기는 태양광으로, 온수는 태양열로, 조명은 자연채광으로, 식수는 겨울엔 계곡물을, 다른 계절엔 지표수를 자연 정화시켜 사용한다. 농사에 필요한 퇴비는 낙엽과 음식물 찌꺼기, 생태화장실에서 나오는 인분을 발효시켜 이용한다. 이곳에 있는 사람들은 하느님이 창조한 모든 피조물과 형제애를 나누며 단순하고 소박하게 살면서도 기쁜 마음으로 살아가고 있다.

다른 하나는 한 남자의 이야기이다. 미국 서부 캘리포니아 일대에 지진이 일어났고, 그 지진으로 철로가 끊어진다. 그런데 저 멀리 기차가 달려오고 있다. 수만 명이 죽음의 기로에 서 있는 상황 속에 갑자기 한 남자가 나타나 끊어진 철로 위에 엎드린다. 무사히 기차가 지나가고, 그 남자는 위기에 처한 또 다른 사람들을 구하기 위해 재빠르게 사라진다.

코로나19 확산이 한창이던 2020년 4월 문학평론가이자 생태 사상가인 김종철은 자신의 마지막 칼럼에서 코로나19의 발생 원인을 다음과 같이 진단했다. "역병이 창궐할 때마다 백신과 치료제를 찾느라고 허둥댈 것인가. (…) 우리를 구제하는 것은 사회적 거리두기도 마스크도 손씻기도 아니다. 또, 장기적인 고립 생활이 면역력의 약화를 초래한다는 것도 기억할 필요가 있다. 이 세상에서 가장 무서운 것은, 공생의 윤리를 부정하는, 그리하여 우리 모두의 면역력을 체계적으로 파괴하는 탐욕이라는 바이러스다."(김종철, 2020.04.16.) 이는 코로나19 발생 원인을 인간 밖에서 찾을 것이 아니라 인간의 내면, 즉 욕망에서 찾아야 함을 역설한 종교적, 철학적 진단이었다고 볼 수 있다.

인간의 마음에서 나오는 온갖 욕망이 더러움의 근원이라 보고, 그 욕망에 대한 자기 자신의 성찰과 회개를 강조한 종교는 바로 그리스도교라 할 수 있다. 유대교와 이슬람교에 비해 정결 예식이 발달하지 않은 그리스도교는 대신 정결의 의미를 인간의 내면에서 찾았다. 물론 불교에도 '포살布薩, uposatha'이라고 하여 정결한 신심을 갖추기 위한 청정예식이 있으나 출가자의 포살과 달리 재가불자의 경우에는 강제성이 없다는 점에서 그리스도교의 회개와는 차이가 있다. 그런데 가톨릭의 경우, 고해성사는 오랜 역사 속에서 욕망의 버림[배설]을 정기적으로 상기시켜주는 종교 의례로 발전해왔다. 오늘날 생태 위기가 심각한 상황 속에서 고해성사는 생태신학적 관점에서 충분히 고찰해 볼 만한 가치가 있는 종교의례라고 할 수 있다. 특히 프란치스코 교황의 회칙『찬미받으소서』반포를 통해 알려진 '생태적 회개' 개념을 구체화시키는 데 고해성사는 간과될 수 없는 실천적 의미를 지니고 있다.

따라서 이 글에서는 고해성사를 '생태적 회개, 생태적 자기 고백, 그리고 생태적 보속'의 과정으로 이어질 수 있다는 점을 고찰하였다. 이로써 회개와 고해성사가 욕망의 버림[배설]과 되살림의 과정이었음을 회칙『찬미받으소서』와 신학적, 역사적 관점을 통해 살펴보고 재해석하였다. 나아가 고해성사의 보속 개념을 생태신학적 관점에서 생태적 보속으로 해석될 수 있는지 살펴보았다. 마지막으로 여러 보속 중의 하나였던 순례를 생태적 보속으로 변환시킬 수 있는지에 대한 여부를 새롭게 상상해 보았다.

2021년 5월 24일, 한국 천주교 주교단은 프란치스코 교황 회칙『찬미받으소서』의 정신에 따라 지속가능한 세상으로 나아갈 것을 약속하는 '찬미받으소서 7년 여정' 개막 미사를 공동집전하였다. 이후 기후 위기의 심각성과 생태 보호 실천의 필요성을 알리는 피케팅이 진행되었고, 현재 '우리의 지구를 위한 미사', '생태 피정과 기도 모임', '생태 영성의 심화와 교육' 등 다채로운 행사 또한 계획 중에 있다. '찬미받으소서 7년 여정'을 시작하며 생태적 삶이란 무엇인지 자문해 본다.

다시, 앞서 언급한 두 개의 이야기로 돌아가 보자. 첫 번째 이야기는 '작은형제회 한국 관구 악양 라 베르나 수도원'의 생활인데, 이는 현대인이 바라는 이상적인 생태적 삶의 모습이라 할 수 있다. 그러나 우리나라 인구의 10명 중 9명이 도시에 거주하고 있는 현실을 고려해 볼 때, 재난이라는 위기 앞에서 자신이 먼저 실천하고 희생하려고 하는 두 번째 '슈퍼맨' 이야기가 더 절실하게 다가온다. 즉 생태 위기 앞에서 슈퍼맨이 되어야 할 사람은 바로 우리 자신이다. 끊어진 철로를 잇기 위해 자신이 스스로 철로가 되었던 것처럼, 우리에게 필요한 것은 세상을 향해 외치는 열 마디의 말이 아니라 피조물을 향해 그리고 피조물과 함께 생태적 실천을 하고자 하는 생태적 자기 고백이다. 회칙『찬미받으소서』의 마지막 부분은 그 배설과 되살림이 아름답게 조화를 이루는 생태적 고백의 의지를 다음과 같이 보여주고 있다.

> 우리는 모든 피조물과 함께 하느님을 찾아 이 땅에서 걸어가고 있습니다. (…) 노래하며 걸어갑시다! 이 지구를 위한 우리의 투쟁과 염려가 결코 우리 희망의 기쁨을 앗아가지 못합니다(244항).

참고문헌

권정생 글, 정승각 그림 (2006).『강아지똥』. 파주: 길벗어린이.

김종철 (1999).『시적인간과 생태적 인간』. 서울: 삼인.

더글러스 러미스, 쓰지 신이치 (2010).『에콜로지와 평화의 교차점』. 김경인 옮김, 서울: 녹색평론사.

다비드 르 브르통 (2000).『걷기예찬』. 김화영 옮김, 서울: 현대문학.

리하르트 반 뒬멘 (2005).『개인의 발견』. 최윤영 옮김, 서울: 현실문화연구.

손희송 (2007).『성사론』. 서울: 가톨릭교리신학원.

숀 맥도나 (2017).『공동의 집: 프란치스코 교황의 생태와 정의에 관한 회칙『찬미받으소서』해설』. 이정규 옮김, 왜관: 분도출판사.

송봉모 (1999).『회심하는 인간』. 서울: 바오로딸.

야콥 블루메 (2005).『화장실의 역사』. 박정미 옮김, 서울: 이룸.

이광주 (1992).『유럽 사회 - 풍속 산책』. 서울: 까치.

프란치스코 교황 (2015).『찬미받으소서: 공동의 집을 돌보는 것에 관한 회칙』. 서울: 한국천주교중앙협의회.

B. 헤링 (1991).『고해의 기쁨』. 성염 옮김, 서울: 성바오로.

천주교 서울대교구 하늘땅물벗 (2019).『기후 변화 극복을 위한 '하늘땅물벗' 본당활동안내서』. 서울: 서울대교구 환경사목위원회.

Kim, J. Ch. (2020.04.16.). Corona tribulation, civilization at a crossroads, The Hankyoreh, Retrieved November 21, 2021, from https://www.hani.co.kr/arti/opinion/column/937411.html.

Ha, S. Y. (2009). A study, according to the code of the Canon law after Second Vatican Council, of the confession in the teaching of Church, Unpublished Master's thesis,

The Catholic University of Korea.

Häring, B. (1999). A Sacrament of Confession, *Catholic Theology and Thought*, 28, 209-235.

Jang, D. H. (2018). The historical origin and meaning of the Encyclical Laudato Si', *World and Word*, 42, 189-218.

Müller(Hrsg.), G. (2006). Wallfahrt/Wallfahrtswesen, *Theologische Realenzyklopädie*, Bd. 35, Berlin: Walter de Gruyter.

Sagne, J. C. (1987). Christian Repentance, *Theological Perspective*, 77, 29-39.

Song, H. S. (1989). A Forgiveness of sins and confession, *Theological Perspective*, 87, 20-43.

Kim, J. Ch. (2020.04.16.). Corona tribulation, civilization at a crossroads, The Hankyoreh, Retrieved November 21, 2021, from https://www.hani.co.kr/arti/ opinion/column/ 937411.html

Ye, J. Ch. (2007). The Canon Law on the Sacrament of Confession, *Faith and Life*, 15, 249-254. Archdiocese of Seoul. "Seoul Catholic Pilgrimage Route". Retrieved November 21, 2021, from

Hompage https://martyrs.or.kr/_web/mpilgrims/about.html

Nanum Kyeongje News (2021.02.17.). "Walking Donation", Retrieved November 21, 2021, from http://nanumy.co.kr/View.aspx?No=1498557

제2장

뒷간신학과 기독교적 종교교육

손원영(서울기독대학교 신학과 교수)

2 뒷간신학과 기독교적 종교교육

●
함축적 용어로서의 뒷간

우리 말에 '화장실'이란 용어는 얼굴에 화장하면서 몸을 단장하는 방을 말한다. 하지만 몸을 단장한다는 말속에는 냄새나고 부끄러운 배변의 현실을 덮어 버린 채 얼굴을 아름답게 매만진다는 뜻의 화려한 의미로만 다가오는 것이 사실이다. 영어에도 건물과 동떨어져 대소변만 처리하는 공간을 'toilet'이라고 부르지만, 실내에 욕실과 함께 붙어 배변 후 손을 씻고 몸도 씻을 수 있게 설비한 방은 긴장을 완화시키고 휴식 공간을 제공한다고 하여 'rest room', 'wash room'이라 칭한다.[1] 이처럼 배변과 관련된 말들은 사람들에게 불쾌감 내지 심지어 혐오감을 자아내기 때문에 가급적 우리의 일상 언어에서 삼가려고 한다. 하지만 배변(특히 똥 누는 일)은 우리의 일상에서 결코 배제될 수 없는 '신성한 삶sacred life'의 한 부분이다. 여기서 신성함이란 똥 누는 일이야말로 일차적으로는 우리의 건강을 표시하는 바로미터임과 동시에 더 나아가 나의 존재의 근원을 생각하게 하는 거룩한 일이란 의미이다. 특히 변비 환자가 겪는 매일의 고통을 생각한다면, 건강하게 매일 똥 누는 일이야말로 정말로 감사하고 신성한 일이 아닐 수 없다. 따라서 화장실 문화에 대하여 신학적으로 성찰하는 일은 결코 하찮은 일이 아닌 신성한 작업이라 말할 수 있다.

그런데 전통적으로 한국 사회에서 화장실은 똥 누는 공간을 뜻하는 뒷간, 측간, 통시, 북수간, 잿간, 측청, 혼측, 회치장 등 다양하게 불렀다. 이 중에서 '뒷간'이 가장 일반적으로 통용되었다. 그리고 그것은 일본강점기 때 '변소便所'[2]로 불리다가 서양식 양변기가 들어오면서 씻는 곳과 싸는 곳이 물을 매개로 한 공간에 있어 '화장실'이라 부르게 되었다. 화장실이 씻는 곳과 싸는 곳이 함께 있는 공간이라면, 뒷간과 변소는 배변만을 위한 공간이라는 차이가 있다.[3] 특히 '뒷간'은 전통적으로 내려오던 재래식 화장실을 일컫는 말로써, 몸의 '뒤'(똥 누는 행위에 대한 완곡한 표현)+'간'(공간)이 합해진 말이다. 재래식 화장실은

---

1 차정식, "배변관리,"『신약의 뒷골목 풍경』(서울: 예책, 2014), 291.
2 일제 총독부는 "생활개선에 관한 선언"(1920)을 통해 전통적인 재래식 뒷간을 소위 변소로 개량하기 위해 노력하였고, 특히 요강의 폐지를 권하였다. 자세한 것은 강준만, "한국 화장실의 역사: 똥은 계급의 첨예한 반영인가?",『인물과 사상』(2006), 86-139. 특히 91.
3 이화영, "우리나라 전통건축의 화장실에 관한 연구" (한양대학교 석사학위논문, 2009), 8-10.

일반적으로 '푸세식'으로 많이 알려져 있지만, 지역과 생활 조건에 따라 여러 가지 형태로 존재하였다. 사실 고대의 노천 배변이 현대의 화장실이 되기까지 역사적으로 많은 변화가 있어왔다. 김성원이 화장실의 발달사에서 잘 정리하였듯이, 화장실은 노천 배변 → 임시 구덩이 화장실 → 고정 구덩이 화장실(일명 재래식 화장실) → 잿간 발효 화장실 → 배기관이 있는 고정 구덩이 화장실 → 수세식 화장실 → 바이오가스 화장실 → 진공 화장실 → 우주선 화장실 등으로 발달하였다.[4] 따라서 앞서 언급한 것처럼, 단순히 똥 누는 공간으로서의 푸세식 뒷간과 변소, 그리고 씻는 곳과 싸는 곳의 통합으로서의 현대 수세식 화장실로 단순히 이분화하는 것은 똥에 대한 통합적 성찰을 위해서는 적절하지 못하다. 따라서 본 논문에서는 똥 누는 공간으로서의 변소, 씻고 싸는 공간으로서의 수세식 화장실, 그리고 똥오줌의 생태적 활용을 위한 최근의 대안적 화장실 문화를 모두 함축한 용어로서 '뒷간'이란 전통적 용어를 다시 사용하고자 한다. 왜냐하면 뒷간이란 용어에는 배변 활동과 관련한 시공간적 논의를 모두 포함할 수 있을 뿐만 아니라 똥에 대한 신학적 의미까지 담을 수 있는 확장적 용어로 볼 수 있기 때문이다.

한편, '똥'에 대한 최근의 연구는 주로 과학계에서 활발히 탐구되고 있다. 특히 의학계에서는 똥을 활용하여 인간의 노화를 방지하기

---

4   김성원, "수세식 화장실, 그 적정하지 못한 기술," 『사이언스월든 인문사회팀』(UNiST, 사이언스월든 인문사회팀, 2020), 65-66.

위한 물질(약)을 개발하거나, '위생과 질병'이란 측면에서 각종 전염병이 어떻게 똥과 관련하여 전염되는지 탐색하기도 한다.[5] 그리고 환경공학계에서는 분뇨처리 및 똥을 어떻게 재활용하고 에너지로 전환시킬 것인지에 대하여 연구하고 있다.[6] 그리고 똥은 인문학 분야에서도 성찰의 대상으로서 연구되고 있다.[7] 특히 똥은 권정생의 동화 『강아지똥』(1969)이나 정호승의 최근 시집 『당신을 찾아서』(창비, 2020) 속의 똥 시리즈에 이르기까지 다양하게 탐색되고 있다. 하지만 기독교 교

---

5 최근 의학계에서는 '똥'을 활용한 노화방지 물질에 대한 탐구가 활발하다. 자세한 것은 "생명연장의 꿈, 그 비밀 열쇠, 똥에 있다?" 『매일경제』, 2021.10.2. Marcus Boehme, Katherine E. Guzzetta, Thomaz F. S. Bastiaanssen, et al., "Microbiota from Young Mice Counteracts Selective Age-Associated Behavioral Deficits," *Nature Aging* (August, 2021), 666-676 참조. 그리고 위생과 질병 관련해서는 세계보건기구의 물과 위생 관련 정보 참고 (http://www.who.int/water_sanitation_health/diseases/diseasefact/en/index.html). Richard G. Feachem, David J. Bradley, Hemda Garelick, D. Duncan Mara, *Sanitation and Disease: Health Aspects of Excreta and Wastewater Management* (Chichester, UK: John Wiley & Sons for The World Bank, 1983), 9-12; Rose George, *The Big Necessity: The Unmentionable World of Human Waste and Why It Matters* (2009), 『똥에 대해 이야기해 봅시다, 진지하게: 화장실과 하수도의 세계로 떠나는 인문탐사 여행』, 하인해 역(서울: CARACAL, 2019), 317-318 참조.
6 분뇨처리 기술 관련한 과학적 연구 성과들은 김성원, "수세식 화장실, 그 적정하지 못한 기술," 64-92 참조.
7 최근 들어 뒷간을 단순한 배변의 장소가 아니라 그 안에 담긴 미학과 철학, 생태성과 문화를 이해하고 그것을 현대적, 창의적, 실용적으로 적용해 활용하려는 연구가 활발하게 이루어지고 있다. 이에 대한 자세한 것은 임재해의 "뒷간의 문화적 거리와 생태계 순환"(1993), 장보웅의 "한국 통시(뒷간) 문화의 지역적 연구"(1995), 이동범의 "생태적 관점에서 본 한국의 뒷간"(2000), 정연학의 "뒷간, 그 서구문화의 확실한 식민지"(2001), 그리고 신제문·조현신의 "뒷간에 나타난 한국 조형성의 현대적 활용에 대한 연구"(2006) 등을 들 수 있다. 특히 최근 사이언스월든 인문사회팀에서 똥에 대한 탐구를 하고 있는데, 매우 흥미롭다. 자세한 것은 사이언스월든 인문사회팀, 『사이언스월든 인문사회팀자료집』(UNiST, 2020) 참조. 이 자료집 안에는 똥에 대한 여러 발표물들이 담겨 있다. 최진석, "르네상스기 똥의 '실루엣", 소준철, "1945-1985년 서울의 똥," 전혜진, "더러운 똥, 즐거운 똥, 이상한 똥," 박정수, "똥-돈-삶", 이소요, "장내 미생물을 사랑한 예술가들," 김성원, "수세식 화장실, 그 적정하지 않은 기술,", 차민정, "아이들은 왜 똥을 좋아할까?", 이채영, "똥은 나를 어떻게 변화시켰는가?" 등이 있다.

육을 비롯한 신학 분야에서의 똥에 대한 성찰은 다른 분야에 비해 상대적으로 매우 미진한 실정이다. 아마도 전통적으로 신학이 신과 인간 그리고 구원과 같은 형이상적 주제에 초점을 둔 까닭에 똥과 같은 형이하학적 주제에 대해서는 소홀히 취급한 것이 아닌가 여겨진다. 다만 최근 생태신학, 쿰란공동체, 그리고 제사장 문서(P)에 대한 연구를 통해 그 연구가 보다 전향적으로 움직이고 있다.[8] 따라서 본 논문은 다음과 같은 세 가지의 주제를 탐색하고자 한다. 첫째, 성서에 반영된 뒷간 담론은 무엇인가? 둘째, 뒷간에 대한 신학적 성찰로서 뒷간신학이란 무엇인가? 그리고 셋째, 뒷간신학에 근거한 기독교적 종교교육의 방향은 무엇인가?

성서의 뒷간 담론

히브리 성서에서의 똥

히브리 성서에서 나타난 똥의 이해는 크게 세 차원에

8　이런 점에서 최근 똥에 대하여 연구한 조태연, "새로운 비유풀이: 똥과 땅, 그리고 하나님의 나라-열매 없는 무화과나무(눅13:6-9)," 『세계의 신학』, 제51호(2001)와 차정식, "배변관리," 『신약의 뒷골목 풍경』 (서울: 예책, 2014), 정혜영, 『똥 속의 하늘: 권정생의 똥 이야기로 풀어가는 문학과 신학의 대화』(파주: 도서출판 하늘, 2015), 홍인표 『강아지똥으로 그린 하나님의 나라: 권정생의 작품과 삶』(서울:세움북스, 2021), 그리고 Philip P. Jensen, *Graded Holiness: A Key to the Priestly Conception of the World*(2020), 『거룩의 등급: 제사장의 세계관 이해를 위한 열쇠』, 김한성 역(용인: 도서출판 목양, 2020)은 주목된다. 이에 대해서는 본문에서 좀 더 살펴볼 것이다.

서 고찰될 수 있다. 첫째는 출애굽기와 신명기에 나오는 모세 계약과 관련한 똥의 이해이다. 여기서 이스라엘 백성들은 똥에 대하여 기본적으로 불결하고 더러운 것으로 생각하였다. 이것은 모세 계약의 기본정신이 반영된 것이다. 모세 계약의 기본정신은 레위기 19장에 잘 나타나 있다. 그것은 "하나님이 거룩하니 너희도 거룩하라"(레19:2)는 말씀이다. 따라서 이스라엘 백성들은 스스로 자신을 거룩하게 여기면서 세상과 구별된 존재로 인식하였다. 이것은 출애굽기 12-14장에 나오는 출애굽 이야기와 함께 출애굽기 20장의 '모세 계약'을 배경으로 한다. 이스라엘 백성들은 노예 생활하던 이집트에서 나와 자유민이 된 후, 호렙산에서 하나님과 계약을 맺게 되었다. 그것은 하나님께서 주신 언약(십계명)을 지키는 '조건으로', 하나님은 이스라엘의 하나님이 되고, 또 이스라엘은 하나님의 백성이 되는 것이다.[9] 그리고 하나님께서는 그 징표로서 이스라엘 백성에게 십계명을 주셨다(출20장). 따라서 이스라엘 백성은 이제 하나님의 백성으로서 하나님의 백성다운 삶을 살기 위해 율법(십계명)을 지켜야 했다. 그 율법을 지키는 한 이스라엘 백성은 거룩한 하나님의 백성이 되고, 하나님은 그들에게 복을 내려주신다. 이처럼 이스라엘 백성은 거룩한 하나님의 백성으로서 율법을 지켜야 하는데, 그때 똥(뒷간)과 관련한 규례도 논의되었다, 이것은 신명기에 잘 나타나 있다.

---

9 '조건계약'으로서의 모세계약에 대한 보다 구체적인 내용에 대해서는 Berhard W. Anderson, *Understanding the Old Testament*, 『구약성서의 이해II: 계약공동체의 발전』, 제석봉 역(서울: 성바오로출판사, 1983), 제6장 참조.

*당신들은 진 바깥의 한 곳에 변소를 만들어 놓고, 그곳에 갈 때에는, 당신들의 연장 가운데서 삽을 가지고 가야 합니다. 용변을 볼 때에는 그것으로 땅을 파고, 돌아설 때에는 배설물을 덮으십시오. 주 당신들의 하나님은 당신들을 구원하시고 당신들의 대적들을 당신들에게 넘겨 주시려고, 당신들의 진 안을 두루 다니시기 때문에, 당신들의 진은 깨끗하게 유지되어야 합니다. 주님께서 당신들 가운데로 다니시다가 더러운 것을 보시면 **당신들에게서 떠나시고 말 것이니**, 그런 일이 일어나지 않도록 당신들의 진을 성결하게 하십시오(신23:12-14).*

결국 신명기 23장에 나와 있듯이, 이스라엘 백성에게 있어 똥은 불결한 것이다. 그래서 뒷간은 집이나 혹은 군대의 진영 밖에 만들어야 하고, 그곳에 갈 때에는 연장을 갖고 가서, 뒷 일을 본 후 똥에서 냄새가 나지 않도록 덮어야 한다. 그 이유는 하나님이 똥을 보시면 이스라엘 백성들로부터 떠나시므로("**당신들에게서 떠나시고 말 것이니**," 강조 표시는 필자), 즉 하나님과 맺은 계약(조건적인 모세 계약)이 파기될 수 있으므로, 이스라엘 백성들은 철저하게 진영(집)을 깨끗하고 성결하게 유지해야 한다(14b절). 물론 뒷간에 다녀온 사람들은 집 안으로 들어올 때에 장로들의 전통에 따라 반드시 손을 깨끗이 씻어야 한다(막7:2). 이처럼 뒷간을 멀리 만드는 것이나 또 뒷간의 청결을 유지하는 일은 이스라엘 백성들에게 있어 단순히 위생적인 일상의 일이 아니라, 그것은 거룩한 하나님과 이스라엘 백성 사이의 계약관계를 유지하는 매우 중요한 '존재론적 사건'이라고 말할 수 있다.

둘째, 구약성서에서의 똥과 관련된 규례는 제사장의 '정결법'과 관련하여 보다 구체적으로 이해될 수 있다. 정결법은 앞서 설명한 모세 계약에 따른 하나님의 백성다운 삶을 명시하는 토라, 곧 율법의 정신을 보다 구체적으로 구현하기 위해 제정한 법으로써, 레위기 11-15장에 명시된 '정결과 부정'의 규례가 가장 대표적이다. 레위기 11-15장에서는 정한 동물과 부정한 동물(레11장), 산모를 깨끗하게 하는 예식(레12장), 사람에게 생기는 악성 피부병과 천이나 가죽 제품에 생기는 곰팡이(레13장), 환자를 정하는 예식과 건물에 생기는 곰팡이(레14장), 그리고 남자와 여자가 각각 부정하게 되는 경우(레15장)를 명시하고 있다. 레위기의 정결법에 따르면, 부정의 주요한 세 사례는 피부병, 유출(출산이나 생리), 그리고 시체로 인한 부정이다. 이것들은 부정을 지닌 사람은 '진영' 밖에 머물러야만 했다(민5:1-4). 이렇게 부정한 이들을 진영 밖에 머물도록 명했던 이유는 거룩한 하나님과 세상을 구분하려는 의도, 그리고 하나님의 백성을 안전하게 지키려는 뜻이 숨어있다고 볼 수 있다. 특히 젠슨Philip P. Jenson은 이러한 규례는 더욱 세분화되어 '거룩의 등급graded holiness'으로 보다 체계화되었음을 밝혀주었다. 예컨대, 이스라엘 백성이 거하는 땅의 공간의 경우, 크게 다섯 구역으로 등급화된다. I구역은 '지성소', II구역은 '성소', III구역은 '뜰'이다. 이 세 구역은 모두 '거룩의 영역'으로서 '성막'(혹은 성전)을 등급화한 것이다. IV구역은 성막 밖의 공간으로서 이스라엘 백성들이 거주하는 곳, 곧 '진영'에 해당된다. 그리고 이 진영은 모두 정결한 곳으로 간주되었다. 마지막으로 V구역은 '부정한 곳'(레14:40, 41, 45)으로서, 그곳에는 부정한 죄인들이 머무는 곳이다.[10] 특히 이곳은 앞서 인용한 신명기 23장 12절에 의하면, '뒷간'도 포함된다. 말하자면 뒷간은 부정한 곳이다. 물론 정결법은 부정한 사람들이 머무는 부정한 공간으로서의 V구역을 뒷간과 엄격히 구분하고 있지는 않다. 하지만 그럼에도 불구하고 뒷간에 다녀온 후에는 반드시 물로서 정화가 필요한 곳임에는 두말할 필요가 없다. 이것은 제사장 출신의 예언자로 알려진 에스겔의 언급에서도 잘 드러난다.

> "너는 그것을 보리빵처럼 구워서 먹되, 그들이 보는 앞에서 인분으로 불을 피워서 빵을 구워라."(겔4:12) 이런 하나님의 명령에 대하여 에스겔은 이제까지 부정한 음식을 먹은 적도 없고, 자신을 더럽힌 일이 없었다고 하면서 완곡히 거절한다. 그러자 하나님께서는 에스겔의 호소를 들으시고 마음을 바꿔서 좀 완화된 제안을 하신다. "좋다! 그렇다면 인분 대신에 쇠똥을 쓰도록 허락해준다. 너는 쇠똥으로 불을 피워 빵을 구워라."(겔4:15)

이처럼 예언자 에스겔은 이스라엘 백성들을 향해 상징적 행동을 통해 하나님의 메시지를 전달하라고 할 때, '똥'(인분)을 부정한 것으로 간주하여 하나님의 명령을 따를 수 없음을 밝혔다. 이것은 똥과 더 나아가 똥 누는 공간으로서의 뒷간이 정결법에 따라 부정한 곳임을 증명한다고 말할 수 있다. 그런데 똥 그 자체는 랍비 유대교의 전통에서는 항상 제의적 부정과 반드시 연계되지는 않았다는 점은 흥미롭

---

10 Jenson, 앞의 책, 120-121.

다. 즉, 땀, 악취나는 고름, 이와 함께 분비되는 피, 그리고 여덟 달 만에 유산된 태아와 함께 분비되는 액체와 달리 배설물은 부정한 범주에 명시적으로 포함되지는 않았다. 심지어 사마리아가 시리아와의 전쟁으로 곤궁했을 때, 열왕기하 6장 25절("그들이 성을 포위하니, 사마리아 성 안에는 먹거리가 떨어졌다. 그래서 나귀 머리 하나가 은 팔십 세겔에 거래되고, 비둘기 똥 사분의 일 갑이 은 다섯 세겔에 거래되는 형편이었다.")에 따르면, 비둘기 똥은 은으로 교환되기도 하였다. 이것은 배설물이 반드시 부정한 것으로만 간주되지 않은 증거라고 말할 수 있다.

셋째, 이스라엘의 정결법은 후기 유대교의 쿰란 공동체에 의해 더욱 철저한 위생 기준에 따라 실천되었다. 그들은 뒷간, 곧 변소란 이름조차 거명되는 것에 삼가 조심하는 태도를 보였다. 그들은 뒷간을 성서적 용어를 빌어 '손' 또는 '손을 위한 장소maqom yad'라고 불렀는데, 여기서 손은 '남자 성기'를 에둘러 지칭하는 은유적 표현이다. 그들은 뒷간의 위치를 거주 공간에서 2,000규빗(약 900-1,000미터) 떨어진 곳에 위치시키는 규정을 엄격히 준수하였다. 아울러 배변을 하는 자리와 공간 배치는 철저하게 사적으로 이루어지도록 하였다. 이에 따라 만들어진 뒷간은 사방이 밀폐되고 지붕을 갖춘 공간 안에 구덩이를 파 놓고 볼일을 보게 하는 구조였다. 이와 같이 별도의 설비된 변소가 없는 경우에도 그들은 사적으로 은밀한 자리에서 볼일을 보고 반드시 그 똥을 구덩이에 묻는 것을 원칙으로 하였다.[11] 그런데 흥미로운 것

---

11 차정식, 『신약의 뒷골목 풍경』(서울: 예책, 2014), 297.

은 차정식에 의하면, 쿰란 공동체의 성원들은 안식일에 주거장소를 옮기지 못하도록 규정된 출애굽기 16장 29절을 엄격하게 적용하였다는 점이다. 그래서 안식일에는 똥 누는 일을 음식 만들기와 마찬가지로 '일'로 간주하였다.[12] 이와 같이 쿰란 공동체의 정결예법은 일반 유대인들의 경우보다 더욱 엄격하여 배변 행위를 몸을 더럽히는 것으로 인식하였다. 그러므로 똥을 눈 뒤에는 반드시 몸을 물에 담가 씻어야 했다. 쿰란 공동체의 뒷간 문이 회칠한 욕조와 연계되어 있다는 점도 흥미롭다. 그것은 배변의 부정함을 제의목적을 통해 씻어 내어 항시 정결한 상태를 유지하고자 했던 그들의 종교심을 엿볼 수 있다.

결론적으로 히브리 성서에 반영된 뒷간의 일들은 하나님의 백성인 이스라엘이 거룩하게 살아가기 위한 '부정'의 방식이자 하나님과의 계약(모세 계약)을 유지시키기 위한 하나의 방식이었다고 말할 수 있다. 그리고 뒷간의 일들은 제사장들의 정결예법에 따라 '거룩의 등급'으로 분류되어 구체화되었으며, 후기 유대교의 쿰란 공동체에 의해서 더욱 철저히 몸을 더럽히는 활동으로 간주되었음을 알 수 있다.

예수의 똥 이해

앞에서 살핀 유대교의 풍습은 예수 시대에도 거의 그대로 유지되었다. 그런데 예수는 이러한 유대교의 전통적인 뒷간 문화에 대하여 묵시적으로 공감하면서도 그보다 더 큰 가치를 중시함

---

12 위의 책, 298.

으로써 새로운 관점을 제공하고 있다는 점은 매우 흥미롭다.[13] 이와 관련한 성서적 전거는 다음 두 가지로 살펴볼 수 있다.

첫째, 예수는 유대교의 음식 규정과 관련하여 똥의 문제를 언급하면서 전통적인 유대교의 풍습으로부터 비교적 자유로운 입장을 취하고 있다. 이것은 차정식의 연구에 잘 반영되어 있다. 그에 따르면, 예수께서는 전통적인 유대인들과 달리 똥이나 오줌의 존재 자체에 대하여 부정적인 인식을 하고 있지 않다는 점이 흥미롭다. 예를 들어 예수는 손을 씻지 않고 음식을 먹는다고 비난하는 바리새인들과 서기관들에게 이렇게 말하였다. "무엇이든지 사람 밖에서 몸 속으로 들어가는 것으로서 그 사람을 더럽히는 것은 아무 것도 없다. 사람에게서 나오는 것이 그 사람을 더럽힌다."(막7:15-16) 그리고 예수는 덧붙여 다음과 같이 설명한다. "밖에서 몸 속으로 들어가는 것은 무엇이든지, 사람의 마음 속으로 들어가지 않고 뱃속으로 들어가서 뒤로 나가기 때문이다."(막7:19) 예수는 이런 말씀을 통해 모든 음식은 그 자체로 깨끗하다고 설명하였다. 그런데 여기서 '뒤로 나가는 것'은 다름 아닌 똥을 싸는 배변 활동을 의미한다. 따라서 예수는 똥과 똥 누는 행위 자체에

---

13 유대 정결법에 대한 예수의 태도는 단순히 이분법적인 '거부'라고 보기에는 많은 어려움이 있다. 오히려 예수의 사역은 유대 정결법의 폐지가 아니라 이를 성취하고 완성한 것으로 이해하는 것이 적절하다. 이런 점에서 티센(Mathew Thiessen)이 복음서에 등장하는 가장 대표적인 부정함의 근원인 '레프라'(lepra, 나병), '생식기 분비물'(zavah, 생리), 그리고 '시체'를 중심으로 유대 정결법에 대한 예수의 태도를 설명한 것은 설득력이 있다. 그러나 그 역시 '똥'과 관련한 직접적인 논의는 없다. 자세한 것은 Mathew Thiessen, *Jesus and the Forces of Death* (2020), 『죽음의 세력과 싸우는 예수: 1세기 유대교 정결의식의 관점에서 본 예수의 사역』, 이형일 역(서울: 새물결플러스, 2021) 참조.

대하여 결코 죄악으로 여기지 말 것을 암시한다. 오히려 예수는 음식이 소화되어 더러운 찌꺼기인 똥으로 변화될지라도, 그것이 배설되어야 우리 몸이 이롭게 되니 그것을 깨끗한 것으로 여겨야 한다고 넌지시 암시한다. 음식은 하나님의 선물로써 우리가 먹고 우리를 즐겁게 하고 그 찌꺼기의 배설 덕분에 음식이 깨끗해진 것이니 배설과 배설물은 고맙고 중요한 것이라는 암시가 여기에 깔려 있다.[14] 이처럼, 예수는 똥과 오줌에 대한 전통적인 유대인들의 의식, 특히 제사장이 갖고 있던 부정적인 인식 대신에 그 자체로는 결코 부정적인 것이 아니라, 오히려 그에 대하여 긍정적인 태도를 가져야 할 필요성을 보여주고 있다.

둘째, 예수는 더 나아가 똥의 바른 이해야말로 '하나님의 나라 운동'의 핵심 가치임을 역설하고 있다. 그러한 적극적인 태도는 그의 비유 속에 잘 나타난다. 예수의 비유를 심층적으로 연구한 조태연은 이와 관련한 설득력이 있는 논문을 발표하였다. 그는 "열매 없는 무화과나무"(눅13:6-9)의 비유를 해석하면서, 이 비유의 핵심은 '열매'가 아니라 오히려 '땅'의 비유로 볼 것을 제안한다. 특히 그는 하나님의 나라가 '땅'과 더불어 '똥'과 깊이 연관된 나라임을 역설하였다.[15] 좀 더 구체적으로 설명하면, 예수의 비유는 이렇다.

예수께서는 이런 비유를 말씀하셨다. "어떤 사람이 자기 포도원에다

---

14 차정식, 앞의 책, 292-293.
15 조태연, "새로운 비유풀이: 똥과 땅, 그리고 하나님의 나라-열매없는 무화과나무(눅13:6-9)," 『세계의 신학』, 제51호(2001), 72.

가 무화과나무를 한 그루 심었는데, 그 나무에서 열매를 얻을까 하고 왔으나, 찾지 못하였다. 그래서 그는 포도원 지기에게 말하였다. "보아라, 내가 세 해나 이 무화과나무에서 열매를 얻을까 하고 왔으나, 열매를 본 적이 없다. 찍어 버려라. 무엇 때문에 땅만 버리게 하겠느냐?" 그러자 포도원 지기가 그에게 말하였다. "주인님, 올해만 그냥 두십시오. 그동안에 내가 그 둘레를 파고 거름(κόπρια, 추가)을 주겠습니다. 그렇게 하면, 다음 철에 열매를 맺을지도 모릅니다. 그때에 가서도 열매를 맺지 못하면, 찍어 버리십시오.'"(눅13:6-9)

예수의 위 비유에서 과수원 지기는 과수원 주인에게 1년만 더 기다려 달라고 간청한다. 그러면서 그는 1년 동안 '거름'을 주면 다음 철에 열매를 맺을지도 모르니 그때 가서 무화과나무를 찍어버리면 어떻겠느냐라는 대안을 내놓는다. 그러나 성서의 본문은 과수원 주인이 그 제안을 받아들였는지에 대해서는 침묵한다. 이 침묵에 대하여 전통적인 해석은 다른 공관복음서, 곧 마태복음과 마가복음의 "열매 맺지 못하는 무화과나무를 저주한 사건"(마21:18-19; 막11:12-14)과 연결시켜, 누가복음의 본문 역시 열매 맺지 못하는 나무에 대한 저주로 해석하는 경우가 대부분이었다. 하지만 조태연은 누가복음의 비유가 저주의 내용이 아닌 과수원 지기의 제안으로 끝난다는 점에 주목한다. 그러면서 그는 "성서는 왜 침묵했는가"라고 질문한다. 그런 뒤에, 많은 사람들이 이 비유를 '나무나 열매에 관한 이야기'로 보기 때문에 바르게 이해하지 못하였다고 주장한다. 그러면서 그는 하나님의 나라란 열매 맺지 못한 나무에 대한 징계가 아니라 오히려 '과수원 주인과 과수원 지기의 대화'와 '과수원 지기의 말'에 있다고 주장한다. 말하자면, 이 비유의 핵심은 한 해의 유예 기간을 달라고 청한 과수원 지기의 새로운 제안으로써, 온전히 땅의 비유라는 것이다. 왜냐하면 과수원 지기의 비책은 나무의 '둘레'(땅)를 파고 '거름'을 주는 것으로 설명되기 때문이다. 즉 과수원 지기의 발언의 핵심은 땅의 고유한 힘(지력)을 회복해야 비로소 나무가 열매 맺을 것이라고 주장이다.

여기서 조태연은 과수원 주인의 명령("땅만 버리게 하니 무화과나무를 찍어버려라")과 과수원 지기의 새로운 제안이 모두 땅과 관계된다고 말한다. 따라서 이 비유는 "무화과나무가 신의 축복과 평화(열매)를 가져올지 아니면 심판과 재앙을 가져올지는 온전히 '땅'에 달려 있음"을 보여준다. 특히 거름을 뜻하는 희랍어 '코프리아κόπρια'(8절)는 '똥 더미'를 의미한다.[16] 따라서 이 비유에서 인간의 역할은 적극적으로 나타난다. 그것은 열매를 맺을 수 없을 정도로 황폐해진 땅에 심은 나무의 둘레를 파고 거기에 '똥거름κόπρια'를 줌으로써 땅을 회복시키고 궁극적으로 풍성한 열매를 맺게 하는 것이다. 결국 예수는 이 비유를 통해 하나님의 나라 운동은 온전히 '땅'의 회복에 있음을 역설하였다고 말할 수 있다. 그리고 궁극적으로 하나님의 나라는 열매 없는 나무를 찍어버리는 무서운 심판의 나라가 아니라, 오히려 '똥κόπρια'(거름-생태-땅의 회복)으로 땅이 회복되고, 더 나아가 풍성한 열매를 맺게 되는 희망의 나라임을 말하고자 하였던 것이다. 또한 이 비유가 암시하는 바는 파괴된 땅, 특

---

16 조태연, 앞의 논문, 83.

히 열매를 맺지 못할 정도로 황폐화된 땅을 살리는 길은 '과수원 지기'의 똥에 대한 태도에 달려 있음을 확인하게 된다. 열매를 맺지 못한 무화과나무 비유에서 과수원 지기는 똥의 순환을 통해 자연(땅)과 문화(문명)가 회복되고 하나님의 나라의 도래를 보게 될 수 있다고 본 것이다.[17] 가장 더러운 똥 속에서 가장 귀한 것을 볼 수 있는 안목이야말로 하나님의 나라를 이 땅에 구현하는 출발점이 되는 것이다.

결국 예수의 똥 이해는 히브리 성서가 강조하는 위생적으로 더럽고 신학적으로 부정하다는 인식으로부터 우리의 관점을 새로운 하나님의 나라 차원으로 전환시켜준다. 물론 예수는 적극적으로 유대전통이 강조해 온 정결 예법을 부정하지는 않는다. 그러나 그는 똥에 대한 새로운 인식의 전환을 통해 가장 부정한 것조차 그것으로 하나님의 나라를 위한 거름으로 활용될 수 있음을 보여주고 있다.

●
뒷간신학의 조감도

생태신학으로서의 뒷간신학: 똥의 소외와 똥의 구원

예수가 강조했던 '똥'을 통한 하나님의 나라 비전은 기독교가 엄격한 이원론적 사상이라 볼 수 있는 신플라톤주의 사상과 연계된

---

17 정혜영, 『똥 속의 하늘』(파주: 한울, 2015), 203.

중세 신학이 발전하면서 자연과 함께 점차 소외되었다. 그래서 이 땅에서의 하나님 나라보다는 죽음 이후의 내세를 향한 삶을 강조하는 신학 이데올로기가 탄생되었다. 이것은 종교개혁으로 탄생된 개신교에게도 예외는 아니어서, 개신교 신학은 똥을 금기시하고, 심지어 악마화하게 된다. 이것은 개신교의 교리적 핵심이 인간 영혼의 구원을 그 중심에 놓은 것에서 잘 찾아볼 수 있다.

주지하듯이, 개신교 신학의 중심에는 늘 '칭의justification'로 불리는 '구원론'이 자리 잡고 있다. 악의 기원과 이유는 아담과 하와의 하나님에 대한 불순종과 그에 따른 인간 영혼의 타락으로 인한 죄에서 발생하며, 악의 극복은 인간의 죄에 대한 하나님의 용서에서 찾는다. 특히 어거스틴은 '원죄'의 개념을 강조하면서 인간이 진정으로 구원받기 위해서는 원죄를 없애신 예수 그리스도에 대한 믿음을 강조하였다. 그런데 문제는 개신교 신학이 구원론을 신학의 중심으로 삼을 때 '자연'이 아닌 '인간' 중심적인 논의로 그것을 축소시킨 점이다. 말하자면 종교개혁 이후의 신학에서 창조 영성은 더욱 위축되었고, 구원은 오직 인간 중심적인 구원으로 이해되었다.[18] 그러나 사도 바울은 일찍이 구원의 논의를 이러한 인간 중심적인 차원으로 축소시키는 것에 대하여 경계하였다. 그는 다음과 같이 말한 바 있다.

피조물은 하나님의 자녀들이 나타나기를 간절히 기다리고 있습니

---

18 김균진, "구원의 영성과 창조 영성," 『신학논단』, 제39호(2005, 2), 192.

다. (...) 우리는 모든 피조물이 이제까지 함께 신음하며, 해산의 고
통을 함께 겪고 있다는 것을 압니다. 그뿐만이 아니라, 첫 열매로서
성령을 받은 우리도 자녀로 삼아주실 것을, 곧 우리 몸을 속량하여
주실 것을 고대하면서, 속으로 신음하고 있습니다(롬8:19-23).

　본문에서 '피조물'은 인간을 포함한 천지만물, 곧 생태계 모두를 의미한다. 그래서 모든 피조물들은 인간과 함께 신음하며 해산의 고통을 겪고 있다. 따라서 구원은 결코 인간만의 구원이 아니라, 모든 피조물의 구원이어야 한다. 인간 중심적 구원론은 이제 생태위기의 시대에 모든 만물의 구원을 향하여 그 지평이 확대되어야 한다. 그런 점에서 구원론은 이제 생태-해방신학적 관점에서 바라보는 것이 유익하다.

　그렇다면, 구원은 먼저 이 세계의 피조물 중 가장 천시받고 혐오스런 대상으로부터 시작될 필요가 있다. 왜냐하면 그것이 바로 지금 가장 고통당하는 현실이기 때문이다. 여기서 우리는 해방신학자 구티에레즈Gustavo Gutierrez가 강조한 해방신학의 핵심적 원리인 "가난한 자의 우선적 선택preferential option for the poor"의 개념을 적용할 수 있다.19 그것은 지금 우리 사회에서 가장 천대받고 있는 피조물을 우선적으로 선택하는 일이다. 비록 구티에레즈는 가장 우선적으로 선택받아야 할 대상으로 '가난한 사람들'을 상정했지만, 생태-해방신학적 관점에서 그것은 '똥'이다. 똥이야말로 모든 피조물 중에 가장 많이 천대받고,

---

19 이 개념에 대한 자세한 설명은 James B. Nickolohoff, *Gustavo Gutierrez: Essential Writings* (New York: Orbis Book, 1996), chap.2 참조.

또 전혀 쓸모없는 쓰레기 취급을 받고 있다. 그래서 모든 인간들로부터 비웃음을 받고 조롱을 받으며 혐오의 대상이 되어서, 인간의 주요 공간으로부터 소외당하고 현대에 와서는 아무런 죄책감 없이 수세식 화장실에서 물과 함께 멀리 버려진다. 박승옥에 의하면, 수도권의 경우, 2,000만 명이 하루에 똥오줌을 보내기 위해 수세식 화장실에서 쓰는 수돗물의 양만 180만 톤이며, 1년이면 약 6억 6,000만 톤이라고 한다. 수도권 주민들이 자신의 똥오줌을 씻어내는 일에만 1년에 동강댐의 2개 정도의 물을 쓰고 있다. 이러한 인류의 문명을 일컬어 그는 "똥의 학살"이라 표현하였는데, 적절한 지적이라고 말할 수 있다.[20] 말하자면 똥의 학살은 똥을 철저히 악마화시킨 것을 의미한다.

유기농을 하며 인분을 퇴비화해 재순환시키는 데 앞장선 조셉 젠킨스Joseph Jenkins는 자연에 폐기물(쓰레기)이란 없다고 주장한다. 오히려 폐기물이라는 개념을 만들어낸 인간에 의해 폐기물이 폐기되어야 한다고 말하면서, 아래와 같이 똥의 회복을 주장한다.

기이하게도 우리는 태어나는 순간부터 죽을 때까지 우리와 함께할 뿐만 아니라 모든 사람이 하루도 빠짐없이 배설하고 있는 인분에 대해 끈덕지게 외면해 왔다. 우리가 이처럼 인분의 재순환 문제에 대해 마치 모래 속에 얼굴을 파묻고 모르는 체하려는 타조와 같은 태도를 취하는 이유는, 똥이라는 말조차 입에 담기 싫어하는 사회 정서 때문이다. 그것은 사회적 금기로서 화제로 삼을 수 없는 것이

---

20 박승옥, "똥은 에너지다", 『녹색평론』, 제86호(2006년 1·2월), 54-58.

다. 하지만 머지않아 우리는 그 문제를 골똘히 다루지 않을 수 없는 시점에 다다르게 될 것이다. 자연계에는 폐기물이란 없다. 그것은 사람들의 이해 부족으로 만들어진 잘못된 개념일 뿐이다. 잘못된 개념을 없애기 위한 비밀의 열쇠는 우리 인간이 찾아야 한다. 자연은 수천 년 전부터 그 열쇠를 인간에게 전달할 준비가 되어 있고 그때를 기다리고 있다.[21]

따라서 가장 먼저 우선적으로 선택되어야 할 구원의 대상은 다름 아닌 똥이다. 인간으로부터 가장 차별받고 소외된 똥의 구원이야말로 바로 지금 이 시대가 안고 있는 심각한 문제이기도 하다. 이러한 입장에서 보면 토마스 베리Thomas Berry의 생태신학은 현대 기독교가 안고 있는 똥의 구원을 위해 많은 시사점을 제공한다. 베리는 중세 말인 1347년경 흑사병과 함께 당시 인류의 1/3이 멸절된 것에 주목한다. 그리고 그는 왜 그 많은 인류가 자연의 공격(흑사병)으로 죽임을 당해야 하는지에 대해 당시 신학으로 설명할 수 없게 되자, 당시 교회는 자연을 더욱 악마화하는 방향으로 신학적 해명을 시도하였다고 말한다. 말하자면, 중세시대에 갖고 있던 자연의 신성, 즉 자연은 초월자이신 신과의 '접촉점'의 역할을 할 수 있다는 가능성으로서의 신성조차 인정하지 않은 채, 자연 전체를 모두 악마화하는 방향으로 치닫게 된 것이다. 그래서 베리는 이러한 자연의 악마화를 부추기면서 자연 세계로부터의 구원을 강조한 근대신학에 대하여 비판적이다. 그리고 그

---

21 조셉 젠킨스, 『똥살리기 땅살리기』, 이재성 역(서울: 녹색평론사, 2004), 24.

러한 신학은 현재의 과학적 세계에 이르기까지 지속되고 있음을 안타까워하면서, 그 대안으로 인간 영혼의 구원만이 아닌 '우주적 구원'을 위한 생태신학을 제안하였다.[22] 그래서 그리스도는 인류의 구원자만이 아니라 '똥'을 포함한 자연과 우주 전체를 구원하는 '우주적 그리스도'라는 것이다. 이런 점에서 똥의 구원은 이 시대의 큰 과제이며, 똥의 구원을 위한 뒷간신학은 생태신학적 관점에서 더욱 구성될 필요가 있다.

그런데 여기서 간과할 수 없는 것은 뒷간신학이 똥의 해방과 구원을 위한 생태-해방신학으로서 그 자리매김이 필요하다고 하여, 똥의 부정성 자체를 전면 부정할 수는 없는 일이다. 왜냐하면 실제로 수많은 질병들이 '똥'과 깊이 연관되어 발병되고 있기 때문이다. 가장 대표적인 것은 수인성 전염병인 '콜레라'이다. 이것은 지금도 동남아시아에서 유행성으로 발생한다. 특히 1898-1907년 사이 인도에서는 최소 37만 명이 콜레라로 죽었다. 1980년대에는 아프리카의 기근이 심한 나라와 혼잡한 피난민 캠프와 도시의 빈민가에 콜레라가 퍼졌다. 따라서 생태-해방신학은 똥이나 더러운 물로부터 생기는 전염병을 벗어나기 위해 깨끗한 물과 청결의 유지는 당연히 강조될 필요가 있다. 따라서 똥의 구원은 소위 위생의 중요성을 포기하지 않으면서도 똥이 갖고 있는 자연의 순환성과 창조성에 주목하는 것이라고 말할

---

22 Thomas Berry, *Befriending the Earth: A Theology of Reconciliation Between Humans and the Earth* (1991), 『신생대를 넘어 생태대로: 인간과 자구의 화해를 위한 대화』, 김준우 역(고양: 에코조익, 2006), 119.

수 있다. 이런 점에서 똥의 구원은 히브리 성서의 정결법 정신을 비판적으로 존중하면서, 그것을 넘어 자연의 구원과 신성을 향하는 것이라고 말할 수 있다.

대화신학으로서의 뒷간신학

기독교 신앙의 핵심적인 축 중 하나는 창조신앙이다. 그것은 하나님이 천지를 창조하였다는 신앙이다. 이 속에는 인간의 똥도 포함된다. 하나님은 똥을 자신의 몸 속에 담고 있는 인간을 창조하시고 인간을 축복하시며 보시기에 좋았다고 말씀하신다(창1:27, 31). 특히 성서는 하나님이 그 인간을 '땅의 흙man of dust from the ground'으로 지으셨다고 증언한다(창2:7). 여기서 '아담'은 '땅ground'을 뜻하는 여성명사 '아다마'에서 나왔다. 즉 인간은 땅으로부터 온 것이다. 따라서 똥을 자신의 존재 안에 포함하고 있는 아담인 '인간'과 배설된 똥을 자신 안에 품고 있는 아다마인 '땅'은 서로 낯선 타자가 아니라 존재론적으로 동일한 존재이다.

그럼에도 기독교 신학은 전통적으로 인간의 땅의 성격을 간과하거나 혹은 종종 부차적인 것으로 간주한 채 신학연구에서 그것을 소외시켜왔다. 특히 예수 그리스도를 이해하는 데 있어서도 예수의 땅의 성격, 곧 예수가 갖고 있는 인간적 속성을 종종 신적 속성에 비해 열등한 것으로 여기며 소홀히 여겨온 것이 사실이다. 물론 현대 신학에 와서 '역사적 예수Historical Jesus' 연구가 활발히 진행되면서 그것이 비록 많이 개선되었지만, 예수의 몸(땅)의 측면은 여전히 부차적인 것으로 간주되고 있다. 이것은 엄밀히 말해 예수의 신성과 인성을 모두 균형 있게 고백한 칼케돈 신조의 위반이다. 칼케돈 공의회(451년)에서는 예수 그리스도의 신성과 인성은 분리되지 않는다고 선언하면서, 예수 그리스도는 완전한 인간이요, 완전한 하나님이라고 고백하였다.[23] 따라서 신학은 십자가와 부활을 통해 인간의 구원을 이루신 '예루살렘'을 상징으로 한 예수 그리스도의 신적인 측면과 더불어, '갈릴리'로 상징되는 예수 그리스도의 인간적인 측면, 곧 갈릴리 해변과 골목길을 거닐며, 또 먹고 마시고 똥을 싸면서 하나님의 나라를 선포하신 예수 그리스도의 인간적인 모습을 함께 고찰해야 한다. 이런 점에서 19세기 성서비평학의 발달과 더불어 20세기 후반 예수 세미나 Jesus Seminar에 이르기까지 활발히 탐구되어온 역사적 예수의 연구는 그 의미가 크다.[24] 하지만 역사적 예수 연구 역시 그 한계도 적지 않다. 그것은 역사적 예수에 대한 탐구에서 주로 거시적 맥락에서 그것을 탐구함으로써 '예수의 식습관이나 뒷간문화' 같은 예수 당시의 일상적 삶과 관련된 미시적 세계에 대한 관심은 여전히 소홀히 여기고 있기 때문이다.

---

23 예수의 양성론에 대한 보다 자세한 현대신학적 논의는 Horst Georg Pöhlmann, *Abriss der Dogmatic*(2002), 『교의학』, 이신건 역(서울: 신앙과지성사, 2012), 349-258 참조.

24 역사적 예수에 대한 현대 성서학의 종합적 이해를 위해서는 James Dunn, *The Historical Jesus in Recent Research* (Eisenbrauns, 2005); James D. G. Dunn, *Jesus Remembered*(2003), 『예수와 기독교의 기원: 역사적 예수 복음서의 예수 그리고 하나님의 나라』, 차정식 역(서울: 새물결플러스, 2010); Robert W. Funk, *The Five Gospels: What Did Jesus Really Say? The Search for the Authentic Words of Jesus* (Scribner Book Company, 1993) 참조.

이런 점에서 예수의 일상적 삶과 관련하여 신학은 이웃 학문과 대화할 필요가 있다. 특히 '똥'과 관련한 뒷간신학은 적어도 세 분야와 긴밀한 대화가 요망된다. 그것은 신학이 문학과 심리학, 그리고 이웃종교와 대화하는 것이다.[25] 특히 똥과 관련한 신학과 문학의 대화는 그 무엇보다 중요하다. 사실, 신학자들보다 교회권력으로부터 상대적으로 자유로운 기독교 문학가들은 예수의 인간적인 측면에 관심을 갖고 오래전부터 '문학적 상상력'을 동원하여 진솔하게 그것을 잘 탐색하여 왔다. 특히 한국의 몇몇 문학가들은 '똥'과 관련한 예수의 인간적인 측면을 작품 속에서 다루었다. 똥을 소재로 작품을 쓴 가장 대표적인 문학가로는 동화작가 권정생, 시인 정호승, 그리고 소설가 김곰치를 들 수 있다.

우선 권정생은 유명한 동화 『강아지똥』(1969)을 통해 기독교의 본질을 가장 비천한 똥에서 찾아내고 있다. 권정생은 『강아지똥』에서 흙덩

---

25 똥과 관련한 심리학의 연구는 뒤에서 언급하겠지만 융의 심층심리학과의 대화를 통해 가능하다. 융은 "똥덩어리" 꿈을 통해 '자기부정성', 곧 인간의 '그림자'를 설명하면서, 그림자(똥덩어리)는 하나님이 만든 본래 인간의 형상이며, 매우 쓸모 있는 것이라는 주장한다. 따라서 그림자(똥)를 부정하는 대신 오히려 그것을 포섭함으로써 진정한 참 자기에 이를 수 있다고 말한다. 그리고 똥과 관련된 이웃 종교와의 대화는 앞으로 충분히 열려 있다. 한편, 동양의 유불선 종교는 몸과 관련하여 부정적인 인식 대신 천인상관(天人相關)의 도, 곧 몸과 우주를 서로 감응시키는 수행론을 강조하고 있다. 그래서 우주(몸)로부터 유리된 독자적 인간이해나 자신의 몸을 부정적으로 타자화하는 이원론적 인간이해를 거부한다. 특히 불교의 '사사무애(事事無碍)'를 강조하는 화엄사상, 이천식천(以天食天)을 중시하는 동학의 최시형 사상과 그의 사상을 따른 그리스도인 장일순의 생명사상 등은 똥을 새롭게 이해하는 데 통찰을 제공할 수 있을 것이다. 따라서 기독교 신학은 이웃 종교와 대화함으로써 몸의 이해 지평을 넓히고, 특히 똥과 관련한 새로운 신학적 통찰과 수행종교의 차원을 새롭게 확보할 수 있을 것이다. 몸을 통한 동서양 종교의 대화에 대해서는 유아사 야스오, 『몸의 우주성: 동서양의 고전을 통해 읽는 몸 이야기』, 이정배·이한영 역(서울: 모시는사람들, 2006); 김승혜·서종범·전해주·길희성·양은용·이정배·최일범, 『불교와 그리스도교의 수행: 한국종교와 대화문화』(서울: 바오로딸, 2005) 참조.

이는 버려진 강아지똥에게 이렇게 말한다. "하느님은 쓸 데 없는 물건은 하나도 만들지 않으셨어. 너도 꼭 무엇엔가 귀하게 쓰일 거야."[26] 이 대목에서 하나님은 쓸모없는 것을 만들지 않았으므로 강아지 똥도 귀하게 쓰일 것이며, 그것이 하나님의 뜻이라고 말한다. 여기서 권정생은 비록 똥과 같은 가장 더럽고 혐오스러운 것이라 할지라도 하나님의 눈에는 모두 존귀한 존재라는 것을 역설하고 있다. 권정생의 『강아지똥』을 연구한 정혜영은 이러한 권정생의 똥 사상을 일컬어 "똥 속의 하늘"이라고 명명하였는데, 매우 적절한 표현이라고 말할 수 있다.[27]

다음으로 정호승은 시를 통해 예수야말로 가장 인간적인 존재였음을 노래한다. 특히 그는 <새벽>이란 시에서 '똥 누는 예수'를 묘사하면서 너무나 인간적인 존재를 그려주었다.

> 똥을 누다가 별을 바라본다/창가의 풍란은 또다시 허옇게 뿌리를 드러내고/길가의 나무들은 피를 흘린다/무논의 어린 모는 잠도 자지 않고/물에 뜨지 않으려고 안간힘을 쓰고 있다/여자들은 죽은 아들을 업고 어디론가 달려가고/남자들은 초승달에 옷을 걸어놓은 채/술취해 죽은 듯이 잠들어 있다/젊은 예수가 성당의 십자가에서 내려와/소주를 마시며 맨발로 논밭을 쏘다닌다/집 없는 개들이 그

---

26 권정생, "강아지똥," 『똘배가 보고 온 달나라』(서울: 창작과 비평사, 2002), 31-43. 『강아지똥』은 권정생의 첫 번째 작품으로 『기독교교육』 1969년 6월호에 발표되었고, 『기독교교육』이 주관한 아동문학상에 당선된 작품이다. 이후 1996년 그림책(정승각 그림, 길벗어린이)으로 각색되었다. 한편, 『밥데기 죽데기』(1999)를 비롯한 똥 이야기들에서는 똥이 기존의 가치질서를 뒤엎는 전복적 역할을 하고 있으며, 『랑랑별 때때롱』(2008)에서는 황폐화된 자연을 회복하고 치유하는 생태적 의미가 드러난다.
27 정혜영, 앞의 책, 60.

뒤를 따른다/사람의 마음보다 더 가난한 개들의 마음이/그 뒤를
따른다

이 시에서 예수는 성당의 십자가에서 내려와 소주를 마시며 맨발
로 논밭을 쏘다니고 있다. 그리고 그는 똥을 누다가 별을 바라본다.
너무나 인간적인 예수의 모습이다. 그리고 누구나 그러하듯이, 똥을
누면서 하늘의 별을 쳐다보며 수많은 상상을 한다. 창가의 풍란은 어
떤지, 길가의 나무들은 또 어떤지, 그리고 그것들이 척박한 이 땅에서
제대로 생명의 구실을 하며 살아야 할텐데 걱정하면서 상상한다. 이
처럼 정호승은 똥을 누는 예수, 그리고 똥을 누면서 하늘을 바라보며
희망을 포기하지 않는 예수를 토대로 희망을 보고, 또 그를 따르는
슬픈 사람들에게서 희망을 본다. 그런 점에서 정호승의 시들은 똥 누
는 예수를 따라 희망을 포기하지 않는 똥 누는 존재들처럼 그려지고
있다. 가장 대표적인 시들은 <내 얼굴에 똥을 싼 갈매기에게>, <별똥
별>, <똥>, <마음의 똥>이다. 특히 <마음의 똥>에서 정호승은 "내 어
릴 때 소나무 서 있는 들판에서/아버지 같은 눈사람 하나 외롭게 서
있으면/눈사람 옆에 살그머니 쪼그리고 앉아/한 무더기 똥을 누고 돌
아와 곤히 잠들곤 했는데/(중략)/이제는 아무 데도 똥 눌 들판이 없어/
아버지처럼 외롭고 다정한 눈사람 하나 없어/내 마음의 똥 한 무더기
누지 못하고/외롭고 쓸쓸하다"고 적고 있다. 말하자면 우리 각자 스스
로 아버지처럼 다정한 눈사람이 되어 누구든 즐겁게 똥을 눌 수 있도
록 희망이 되어야 하지 않겠느냐고 완곡하게 설득하고 있다.

이러한 정호승의 시 세계를 연구한 최미정은 정호승 시에서 중요한 시적 소재로 등장하고 있는 '똥'의 의미를 고찰하면서, 정호승의 시에 나타나는 똥은 종교적 상상력과 결부되어 겸비와 회개, 승화와 재생의 의미로 나타나며, 동시에 그것은 인간과 동물, 인간과 자연의 경계를 넘어 수평적 열림의 소통으로 나아가는 하나의 사건이자 계기로서 드러난다고 주장한다. 말하자면 똥은 인간의 동물성을 환기시키는 것으로, 인간과 동물을 가로지르는 지점에 '똥 누기'가 있음을 말한다. 그래서 시인은 '똥을 누는' 행위를 통해 억압에서 벗어나 진정한 자유의 존재로 나아가기 위해 동물 되기, 어린아이 되기를 열망하고 있음을 흥미롭게 해석해주고 있다.[28]

한편, 소설가 김곰치는 그의 소설 『빛』(2008)에서 역사적 예수란 누구인지를 문학적 상상력을 통해 매우 리얼하게 묘사하고 있다. 그는 역사적 예수를 한마디로 표현하면 '똥습예수'라고 말한다. 여기서 똥습예수는 다름 아닌 똥구멍에 습기 찬 예수로서 누구보다 인간적인 존재이다. 그래서 그는 똥습예수를 다음과 같이 설명한다.

> 나는 예수가 삼십 몇 년 평생 누었던 똥을 방 안에 불러모았다. 방이 똥으로 넘쳐났다. 똥더미 속에서 나는 미소를 지었다. 그대의 이름은 똥습예수, 똥구멍에 늘 습기 찬 건강한 나의 예수. 나도 그대만큼 열심히 똥 눌 거야! 최소 칠십 년은 누라고 세상에 내보냈더니, 반도 못 누고 그대가 죽었을 때, 하느님이 얼마나 실망하신 줄 알기나

---

28 최미정, "정호승 시에 나타난 똥의 의미", 『리터러시연구』, 10:3(2019), 212.

해! 그대보다 나는 훨씬 오래 살 거고, 두 배 세 배로 많은 똥을 눌거야![29]

위 인용문이 우리의 이해를 돕듯이, 김곰치의 '똥습예수'는 똥구멍에 습기가 찰 정도로 열심히 삶에 충실했던 존재, 또 먹는 것과 싸는 것이 잘 균형이 잡혀서 노랗고 굵은 똥을 멋지게 쌌던 존재, 특히 너무나 건강하게 똥을 싼 나머지 사람들이 보통 70년 싸야 이룰 똥의 총량을 반으로 줄여서 30년 만에 모두 싸버리고 후회 없이 인생을 마감한 "나의 예수"를 소개한다. 이처럼 작가는 똥습예수에서 신체적으로 건장한 한 남자의 모습을 그릴 뿐만 아니라, 똥의 냄새마저 그대로 가로지르며 위선과 싸우며 하나님의 뜻을 당당히 이룬 참 인간의 모습을 보여주고 있다.

결국, 권장생과 정호승 그리고 김곰치의 문학 작품들은 '똥'을 매개로 하여 상상력의 부족으로 허덕이는 한국 신학계에 큰 도전을 주고 있다. 예수는 결코 '교리'라는 이름으로 박제화되어 박물관에 화석처럼 그럴듯하게 걸려 있는 존재가 아니라, 똥구멍에 습기찬 똥습의 존재요, 똥을 누며 하늘의 별을 셀 줄 아는 존재요, 그럼에도 불구하고 똥 속에서 하늘의 사명을 볼 줄 아는 참 살아있는 인간이라고 말이다. 이처럼 뒷간신학은 문학을 비롯한 이웃학문과의 대화를 통해 우리가 살아있는 예수에 좀 더 가까이 다가가는 것이라 말할 수 있다.

---

29 김곰치, 『빛』(서울: 산지니, 2008), 327.

비판신학으로서의 뒷간신학

똥을 화두로 한 뒷간신학은 일종의 비판신학으로서, 문명비판과 교회비판을 시도하는 예언자적 신학이라고 말할 수 있다. 히브리 성서 속 예언자가 하나님의 말씀인 토라Torah에 근거하여 당시 문명비판자로 활약하며 잘못된 길로 갔던 이스라엘 백성을 꾸짖고 또 희망을 주었던 것처럼, 뒷간신학도 그처럼 이 시대의 문제, 특히 자본주의 문명[30]과 교회의 타락성을 날카롭게 공격하는 비판신학이다.

좀 더 구체적으로 서술하면, 뒷간신학은 다음과 같이 세 가지로 설명될 수 있다. 첫째, 뒷간신학은 근대 이성의 출현과 그에 따른 자본주의의 발전으로 하여 도시 산업문명의 부산물로써 똥을 소외시켜 그것을 '쓰레기 중의 쓰레기'로 간주한 채 심지어 똥을 악마화시킨 것을 비판한다. 그것은 철저한 똥의 무가치화와 똥의 은폐, 그리고 똥의 무단폐기이다. 이것은 아파트 문화에서 일상이 된 '수세식 화장실'로 상징된다. 물론 근대 이성의 상징으로서 수세식 화장실은 도시 문명을 청결하게 유지하고, 콜레라를 비롯한 수인성 전염병으로부터 인간을 안전하게 지켜주는 데에는 혁혁한 공을 세웠다. 하지만 거기까지이다. 똥은 이제 수세식 화장실의 물과 함께 깨끗이 쓸어버려야 할 더러운 존재로서만 인식되고 있다. 그것은 더 이상 인간에게 유익한 것도 아니고 오직 냄새나는 혐오물일 뿐이라는 인식을 만들어 내

---

30 현대 자본주의에 대한 비판과 사회적 삶의 재구성을 위한 필자의 사유에서 조정환, 『인지자본주의: 현대 세계의 거대한 전환과 사회적 삶의 재구성』(서울: 갈무리, 2011)에 힘입은 바 크다.

었다. 그래서 똥은 산업화가 진행되면서 못 쓰는 쓰레기 취급을 받으며 지금도 물과 함께 모두 버려지고 있다. 이제 똥은 우리의 생활세계로부터 아무런 가치를 지니지 못한 채 은폐되어 조용히 학살되고 있다. 이것은 마치 목욕물을 버리려다 물속에서 놀고 있는 어린아이마저 버린 격이다.

하지만 똥은 결코 쓰레기가 아니다. 똥과 쓰레기의 결정적인 차이는 '썩는지의 유무'이다. 똥은 썩어서 다시 거름이 될 수 있다. 그러나 쓰레기는 썩지 않는다. 심지어 어떤 쓰레기는 거의 영원히 썩지 않는 것도 있다. 가장 대표적인 것이 원자력 발전소에 나오는 핵폐기물이다. 그래서 국가들마다 핵폐기물 처리 때문에 골치를 앓고 있다. 하지만 똥은 몸 밖으로 나오는 순간부터 곧 썩기 시작한다. 그리고 그것이 거름으로 변화되면, 이제 농작물에게는 밥이 된다. 말하자면 똥은 쓰레기가 아니라 밥이다. 따라서 뒷간신학은 똥이 쓰레기가 아니라 밥일 수도 있음을 애써 부정하거나 모르는 이 시대와 교회를 비판한다. 그리고 더 나아가 똥이 밥이 될 수 있음을 선언한다. 예수께서도 한 알의 밀알이 땅에 떨어져 '썩어지면' 많은 열매를 맺는다고 말씀하셨다(눅8:4-10). 그 의미는 무엇인가? 그것은 똥처럼 아낌없이 자기를 비워 썩힐 때, 그것은 생명의 밥이 되고 그래서 많은 열매를 맺게 한다. 따라서 뒷간신학은 현대사회가 더 이상 똥을 악마화시켜 핵폐기물급 쓰레기로 취급하지 말 것을 외치는 예언자의 목소리임과 동시에, 똥은 오히려 우리가 먹는 농작물의 밥이라는 생명사상이라고 말할 수 있다.

종교와 똥, 뒷간의 미학

둘째, 뒷간신학은 청결 유지의 명분으로 똥을 수세식 화장실의 물과 함께 우리의 일상생활에서 추방시킨 이후 인류의 물 부족 및 오염 문제가 초래된 현대 '위험사회risk society'에 경고를 알리는 일종의 현대 문명비판이다. 울리히 벡Ulrich Beck에 의해 많이 알려진 위험사회는 일반적으로 "사고가 일어날 가능성이 있는 사회"를 의미한다. 그리고 그것은 한 사회가 위험을 초래하는 어떤 이유에 의해 그 사회적 토대를 상실해 가고 있음을 설명하는 함축된 의미로 이해되고 있다. 벡은 근대화를 두 단계로 설명한다 제1단계는 중세 봉건제가 몰락한 뒤 지금까지 진행된 근대화를 일컬어 '제1근대화'로, 그리고 제2단계는 제1단계의 근대화가 끝나가면서 이르게 된 현시점을 '제2근대화'로 본다. 곧 제2근대화란 '근대화의 근대화'로서, 두 근대화 사이의 차이점을 밝히는 것을 벡은 『위험사회』의 주요목표로 삼았다.

그렇다면 여기서 두 근대화 사이의 가장 큰 차이점은 무엇인가? 이에 대하여 벡은 '위험risk'을 들고 있다. 달리 말해, 근대 계몽주의에 근거한 제1근대화 시기의 위험은 과학 기술을 통한 인류의 물질적 정신적 진보에 불가피한 부산물 같은 것으로써 그렇게 심각하게 않았다.[31] 그러나 제2근대화 시기에 발생하는 위험은 보다 근본적이다. 왜냐하면 제1근대화 시기의 위험은 불가피한 부수효과로 간주되었으나, 제2근대화 시기의 위험은 후쿠시마 원전과 같은 보다 치명적인 위험을 초래하기 때문이다. 이것을 물과 연관시켜 이해하면, 제1근대

---

31 Ulrich Beck, 『위험사회: 새로운 근대성을 향하여』, 홍성태 역(서울: 새물결, 1997), 43, 55.

화와 더불어 시작된 수세식 화장실 문명은 그 자체로 보면 매우 유익한 것이다. 왜냐하면 수세식 화장실 문화의 시작은 도시문화를 청결하게 유지하고, 각종 수인성 전염병으로부터 우리를 건강하고 안전하게 보호해주었기 때문이다. 하지만 제2근대화 시기의 물의 위험은 '기후위기'와 관련하여 인류에 매우 치명적이다. 그것은 전 지구적이고 불가역적이며 인간의 예측과 통제를 벗어난 매우 심각한 것으로써, 지구생명의 존립 자체가 위협당하는 심각한 위험 수준에 이른다.[32] 벡의 용어로 말한다면 그것은 "위험사회"[33]요 치명적 위험의 일상화라고 말할 수 있다.

물론 현대의 수세식 화장실이 기후변화를 일으키는 직접적인 원인이라고 단정할 수는 없다. 그러나 과도하게 인구가 밀집된 도시들은 '비순환적 방식'으로 똥과 오줌을 폐기하기 위해 고비용으로 생산된 수돗물을 엄청나게 많이 소비하고, 또 그런 과정에서 물을 오염시켜 기후위기를 일으키는 한 주범의 역할을 하고 있음을 부인할 수 없다. 좀 더 구체적으로 살펴보면, 2017년 현재 전국에 설치된 하수관의 길이는 14만 9,030km로 지구 네 바퀴 반에 해당한다. 하수보급률은 2019년 기준으로 전국 93.9%, 서울 100%, 경기 94.6%, 전남 80.7%이다. 농촌지역(군)은 70% 정도에 이르고 있다. 그런데 한국의 경우, 물의 오염비율을 보면 수세식 화장실을 비롯한 생활하수로 발생하는 비율

---

32 손원영, "예술영성 형성을 위한 기독교 교육과정 개발에 관한 연구: 위험사회론을 중심으로," 『기독교교육 논총』, 46(2016), 92-93.
33 벡, 『위험사회』, 43, 55.

이 42%로 가장 많고, 산업폐기(37%)와 축산폐기(8%)가 그 뒤를 잇고 있다.[34] 수세식 변기는 보통 한 번 물을 내릴 때 수돗물 10리터가 소요된다. 한국인 1인당 하루 물 사용량의 25%인 45리터의 물이 수세식 화장실의 똥과 오줌을 눌 때마다 하수관으로 빠져나간다.[35] 서울-경기만 하더라도 2,000만 인구의 화장실 운영을 위해 매년 동강댐 2개 정도의 엄청난 물이 소비되고 있는 실정이다. 현대의 훌륭한 하수처리시스템에도 불구하고 하수의 재활용 비율을 여전히 높지 않다. 2017년 환경부 하수도 통계에 의하면, 매립장까지 이송된 하수찌꺼기(분뇨 포함)는 소각(19%), 매립(15%), 건조(6.1%) 처리되고, 연료, 비료, 시멘트 등으로 재활용되는 것은 절반 정도(56.8%)이다. 특히 하수의 물을 정화해 재사용되는 비율은 15.9%로 하수처리장 내 용수나 공업용수, 농업용수로 재이용되고 있다. 결국 수세식 변기의 깨끗한 화장실 신화에 갇혀 있는 사이에 하수로 내려보내는 우리의 똥과 오줌은 고도로 발전된 하수처리시스템에도 불구하고 매일같이 우리의 땅과 강과 바다, 그리고 공기를 오염시키면서, 기후위기를 일으키는 한 요인으로 작동하고 있다. 특히 지진이나 후쿠시마 원자력 발전소 같은 사회적 재난이 발생했을 경우, 가장 먼저 곤란을 겪을 수 있는 일은 다름 아닌 우리의 똥 싸기이다. 상하수도체계가 붕괴되면서 하수구는 막히고, 수세식 화장실에는 똥이 당장 넘치게 되기 때문이다. 따라서 뒷간

---

34 한강홍수통제소. 물과 환경. http://www.wamis.go.kr/ewi/sub/sub05/sub05_05.aspx. 2021.10.11. 검색.
35 김성원, "수세식 화장실, 그 적정하지 못한 기술," 72.

신학은 이와 같은 위험사회 및 기후위기의 한복판에서 인류가 수세식 화장실만을 고집하는 것이 과연 적절한 기독교적 삶인지 진지하게 비판적으로 질문하도록 이끈다.

셋째, 뒷간신학은 교회비판학의 측면을 갖는다. 똥은 언제나 냄새 나고, 또 질병을 일으키는 혐오의 물질이다. 그래서 똥은 우리에게 회피의 대상이자 제거의 대상이 되기도 하다. 동시에 똥은 약으로도 쓰이고 많은 생명의 먹거리를 풍성하게 거름이 되기도 하다. 이처럼 똥의 양가적 이미지는 뒷간신학으로 하여금 교회를 비판적으로 성찰 하도록 안내한다. 특히 융Karl G. Jung이 소개한 "똥 덩어리 꿈"은 뒷간 신학이 교회의 어두운 그림자를 냉정하고 용기있게 바라볼 수 있도록 돕는다.

> 나는 지옥의 불길 속으로 즉시 뛰어들려고 하는 것처럼 용기를 끌어 모아 생각이 떠오르는 대로 내버려 두었다. 나는 내 앞에 대성당과 푸른 하늘이 있는 것을 보았다. 하느님은 세상 저 위 높은 곳에서 황금 보좌에 앉아 있고, 보좌 밑으로부터 거대한 똥 덩어리 하나가 화려하 게 채색된 새 지붕에 떨어져 지붕을 산산조각내고 대성당의 벽을 모조 리 부수고 있다. 바로 그것이었다. 나는 엄청난 안도감과 말할 수 없는 해방감을 느꼈다. 저주를 예상했는데 그 대신 은총이 나에게 임하고 그와 동시에 내가 전혀 알지 못했던 형언할 수 없는 축복이 임했다. 나는 행복감과 감사하는 마음으로 울었다. 내가 하느님의 가차없는 준엄함에 쓰려져 복종하자 하느님의 지혜와 선이 나에게 드러났다. 그것은 마치 내가 계시를 체험한 것과도 다르지 않다.[36]

융의 이 똥 덩어리 꿈속에서 나타나는 '똥'은 인간과 종교가 두려워하고 억압해온 '그림자shadow'라고 말할 수 있다. 말하자면 대성당과 똥은 각각 의식과 그림자를 상징한다. 그런데 이 똥 덩어리, 곧 그림자는 '하느님의 황금보좌'에서 내려왔다. 인간과 종교의 그림자는 모두 하나님에게서 온 것이다. 인간과 종교의 본래 참 모습은 그림자와 함께 있는 모습이다. 그렇기 때문에 융의 이 체험은 억압되었던 그림자가 해방되는 경험이자 하나님과 융이 하나되는 누미노제의 체험이었다.[37] 여기서 우리는 뒷간신학의 중요성을 발견하게 된다. 그것은 똥으로 상징되는 한국교회의 현실을 직시하도록 인도하기 때문이다. 비록 한국교회의 현주소가 똥처럼 왜곡된 모습으로 가득하지만, 그럼에도 불구하고 있는 모습 그대로 자신과 마주할 수 있는 용기를 갖도록 돕는다. 특히 융의 똥, 곧 그림자처럼 감추어져 있던 교회의 또 다른 모습을 기꺼이 자신의 한 모습으로 껴안도록 용기를 준다.

교회는 전통적으로 똥처럼 터부시하며 교회로부터 배제시킨 문화가 적지 않다. 더욱이 악취와 질병이란 이름으로 똥 덩어리처럼 여기며 공동체로부터 추방시킨 그림자가 또 얼마나 많았던가? 아마도 이와 관련하여 가장 대표적인 경우는 '한국문화', '이웃 종교' 그리고 '다양한 형태의 소수자들'에 대한 혐오와 차별일 것이다. 한국교회는 그것들을 모두 추하다고 여기면서 그리스도인들로 하여금 그것에 두려

---

36 Karl G. Jung, 『카를 융, 기억 꿈 사상』, 조성기역(서울: 김영사, 2007), 80.
37 정혜영, 『똥 속의 하늘』, 96.

움을 갖게 만들고 공동체로부터 배제시켰다. 하지만 뒷간신학은 그런 그림자에 용기있게 직면하도록 용기를 북돋아준다. 마치 인간의 의식과 무의식이 모두 합해져야 진정한 나이듯이, 교회는 보이는 교회의 모습만이 아니라 보이지 않는 그림자의 영역까지 모두 하나로 포섭함으로써 참 교회의 모습을 자각하게 된다. 결국 교회에 대한 비판학으로서의 뒷간신학은 우리가 냄새나는 똥과 일정한 거리두기를 하듯이 교회는 자신의 부끄러운 모습으로부터 일정 부분 벗어나기 위해 노력해야 할 뿐만 아니라, 동시에 똥처럼 부끄럽게 여겼던 신앙의 모습들을 기꺼이 자신의 한 부분인 그림자로 인정하고 포함시키는 용기를 가지도록 돕는다. 그래서 뒷간신학에 의해 조명된 한국교회는 교회세습이나 물신숭배 같은 불쾌한 냄새로부터는 일정한 거리두기를 해야 할 뿐만 아니라, 한국문화와 이웃종교 혹은 여러 소수자들의 문제 같은 이슈에 대해서는 이제 자신의 그림자로 간주하여 기꺼이 껴안는 용기를 가질 필요가 있다.

성례전적 영성학으로서의 뒷간신학

20세기 후반부터 '영성spirituality'에 대한 관심이 높아지고 있다. 그리고 그에 대한 연구도 종교나 신학의 분야뿐만 아니라 철학과 심리학, 심지어 자연과학의 영역에 이르기까지 그 범위가 확대되고 있다.[38] 이런 과정에서 최근 신학은 '기독교 영성학'을 자신의 하위

---

38 손원영, 『한국문화와 영성의 기독교교육』 (서울: 대한기독교서회, 2009), 제6장 "영성학과 기독

학문의 한 범주로 채택하는 경향을 보이면서, 그 의미를 다양하게 정의하고 있다. 그런데 편의상 기독교 영성의 의미를 '하나님과의 일치 및 그와 동행하는 일상의 삶'으로 정의한다면, 그 의미를 성취하기 위한 기독교 영성학은 일종의 '성례전적 영성학'의 특성을 갖고 있다고 말할 수 있다. 여기서 성례전적 영성학은 '성례전적 사고sacramental thinking'에 기반한 영성의 추구를 의미한다.

그렇다면, 성례전적 사고란 무엇인가? 이에 대하여 틸리히Paul Tillich는 기독교 신학의 역사를 서술하는 과정 중 개신교 신학을 비판하면서 성례전적 사고의 중요성을 언급하였다. 즉 그는 낭만주의를 잃어버린 채 도덕주의로 축소된 19세기 계몽주의적 개신교를 비판하면서 율법 대신 은총에 눈을 돌릴 것과 함께, '자연'에 대한 깊은 관심을 촉구하였다. 그러면서 그는 성례전적 감정sacramental feeling과 성례전적 사고를 다음과 같이 강조한 바 있다.

> 성례전적 사고는 무한이 유한 안에 현존하고 유한이 무한의 명령에 따를 뿐만 아니라, 그 자체 안에 구원의 능력, 곧 신적인 것의 현존의 능력을 가질 경우에 한해서만 의미가 있다. 이것은 낭만주의가 재발견한 것이다. 물론 성례전적 사고는 초기교회의 성례전적인 경험 전체 안에 있었지만, 종교개혁이 행한 비판에서 크게 상실되었고, 그러다 마침내 자신의 바탕을 도덕적 명령 위에만 두었던 계몽주의에서 상실되었다.[39]

교교육학의 대화" 참조.

여기서 성례전적 감정과 사고는 '자연을 통한 하나님의 은총'으로써, 우리가 행한 모든 것에 선행하는 신적인 것의 현존이다. 그리고 그것은 '유한 속에 무한의 임재 혹은 현존의 체험'을 이해하는 방식이요, 또 '유한이 무한과 이어질 수 있도록 어떤 매개의 능력'을 인정하는 것이다. 따라서 성례전적 사고는 자연의 한 부분인 '똥'의 모습을 깊이 숙고하고 체험하는 가운데 무한한 신과의 일치에 이르게 된다. 마치 기독교의 대표적인 성례전인 성만찬이 떡과 포도주라는 유한한 물질 속에 신의 현존을 의미하고, 또 하나님과의 신비한 연합을 뜻하는 것이라면, 떡과 포도주는 인간과 예수 그리스도를 이어주는 성례전적 존재가 되는 것이다.

이런 점에서 해방신학자 보프Leonard Boff는 성례전적 접근sacramentality을 소개하면서 유한한 사물이 영원한 하나님과 어떻게 연결되는지를 잘 설명해 주고 있다.[40] 특히 그는 우리의 일상에서 접촉하는 아주 하찮은 사물들이 어떻게 초월자인 하나님과 연결되는지를 언급하면서 자신이 체험한 대표적인 몇몇 성례전적 존재를 소개하고 있다. 즉 그것은 "우리 집의 물잔", "아버지가 피우시던 꽁초", "어머니가 구우시는 빵", "성탄 선물로 받은 양초", "살아온 사연들", "시골 학교의 선생님", "정든 옛 집", "삶의 성사스런 매듭들(7성례)", "성사들의 창제자

39 Paul Tillich, *A History of Christian Thought: From Its Judaic and Hellenistic Origins to Existentialism*, ed. by Carl E. Braaten (New York: Simon and Schuster, 1967), 437-448, 특히 443 참조.
40 Leonardo Boff, *Os Sacramentos Vida E A Vida Dos Sacramentos* (1975), 『성사란 무엇인가』, 정한교 역(왜관: 분도출판사, 1981) 참조.

그리스도", "내뱉은 말" 그리고 "화해와 만남" 등이다. 물론 보프는 여기서 '똥'을 성례전적 존재로 소개하지 않았지만, 아버지가 피우시던 꽁초를 자신을 그리스도와 연결시키는 성례전적 존재로 언급한 것으로 보면, 똥 역시 성례전적 존재로서 결코 과소평가될 수 없다. 결국 똥은 단순히 음식을 먹은 후 나오는 배설물이 아니라 성례전적 사고, 곧 기독교 영성학의 측면에서 보면 그것은 하나님의 임재를 계시하는 성례전적 존재요 더 나아가 하늘을 품고 있는 거룩의 나이다. 그런 점에서 무위당 장일순이 무수한 '너'의 총체성인 세상과 우주 그리고 나 자신은 별개가 아니라 하나라고 말하면서 다음과 같이 노래한 것은 성례전적 사고의 측면에서 설득력이 있다. "나는 미처 몰랐네/그대가 나였다는 것을/달이 나이고/해가 나이거늘/분명 그대는 나일세."[41] 결국 뒷간신학은 일종의 성례전적 영성학으로서 똥과 같은 성례전적 존재를 매개로 하여, 나와 하나님의 일치, 그리고 더 나아가 온 만물과의 신비한 연합과 환희를 추구하는 것이라고 말할 수 있다.

---

41 이용포, 『무위당 장일순: 생명사상의 큰 스승』(서울: 작은 씨앗, 2011), 146.

교육목적

교육은 항상 가치 지향적 활동이다. 특히 '기독교적 종교교육Christian religious education'42은 기독교적인 가치를 추구하는 종 교교육이다. 그렇다면 기독교적 종교교육의 교육목적은 어떤 방향으 로 진행되어야 할까? 이와 관련하여 뒷간신학의 입장에서 네 가지의 교육목적이 고려될 수 있다.

첫째, 기독교적 종교교육은 생태신학적 뒷간신학을 전거로 인간 의 구원뿐만 아니라 '자연의 구원'을 목적으로 해야 한다. 이런 점에 서 앞에서 언급한 베리Thomas Berry를 비롯하여 생태신학자들의 논의 는 교육목적을 설정하는 데 있어서 중요한 신학적 근거로 삼을 수 있을 것이다. 그런데 기독교적 종교교육에서 '똥'과 관련한 교육목적 의 설정은 거의 없었다. 따라서 기독교적 종교교육은 교육목적으로써 '똥의 소외와 똥의 구원'을 보다 적극적으로 고려할 필요가 있다.

둘째, 기독교적 종교교육은 대화신학으로서의 뒷간신학을 전거로 '똥의 대화'를 교육목적으로 설정할 수 있다. 지금까지 기독교교육을

---

42 기독교교육학 분야에서 사용되는 용어인 '기독교교육', '종교교육', 그리고 '기독교적 종교교육' 은 신학적 입장에 따라 용어를 구분하여 사용한다. 본 논문에서 사용되는 용어인 '기독교적 종교 교육'은 수정주의 신학적 입장에 서 있는 연구자들이 주로 사용한다. 더 자세한 설명은 강희천, 『기독교교육사상』(서울: 연세대학교출판부, 1991), 제1장 참조.

포함한 신학과 종교의 담론에서 '똥'은 거의 무시된 채 심지어 터부시되었다. 이것은 일찍이 동화작가 권정생의 다음과 같은 말에서 잘 드러난다. "눈으로 보는 하늘은 위에 있지만, 뜻으로 보는 하늘은 아래에 있다. 이 땅에 사는 모든 생물은 이 하늘(땅)에 기대어 산다. 그런데 지금까지 종교는 공중에 떠 있는 하늘만 찾아 가르치려 했다. 신학은 인간을 버리고 추상적인 뜬구름을 잡는 데 얼마나 많은 시간을 허비했는가."[43] 하지만 신학과 달리, 똥의 주제는 문학이나 심리학, 그리고 건강과 관련한 자연과학과 공학(영양학, 간호학, 생태공학 등)의 분야에서는 오히려 활발하게 연구되고 있다. 따라서 '똥의 대화'를 교육목적으로 한 기독교적 종교교육은 종합학문적인 대화interdisciplinary dialogue를 통해 똥에 대한 종합적 이해에 이를 수 있을 것이다.

셋째, 기독교적 종교교육은 비판학으로서의 뒷간신학 입장에서 '인류문명 및 교회의 비판'을 교육목적으로 설정할 수 있다. 특히 현대문명은 자본주의를 배경으로 한 첨단 과학기술명이라고 해도 과언이 아니다. 그만큼 자본주의와 과학기술은 강력한 사회의 물적 토대이다. 따라서 기독교적 종교교육은 궁극적으로 하나님의 나라를 지향하는 교육적 활동임으로, 자본주의와 과학기술 문명을 하나님의 나라와 동일시할 수 없으며, 동시에 철저하게 거부될 수도 없다. 오히려 그것에 대한 비판적 성찰의 작업을 통해 그것들이 하나님의 나라를 지향하도록 해석될 필요가 있다. 특히 똥이 갖고 있는 이중적 이미지,

---

43 권정생, 『우리들의 하느님』(서울: 녹색평론사, 1996), 105.

곧 '더러움과 생명의 거름_밥'이라는 역설적 상징을 토대로 인류문명과 교회를 비판할 필요가 있다. 그리고 교회의 비판을 교육목적으로 설정하는 과정에서 교회를 어떻게 비판할 수 있는가라는 교회 내의 문제제기와 함께 저항이 예상된다. 이때 역사적 기구로서의 교회는 언제든 타락할 수 있고, 따라서 비판의 대상이 될 수 있음을 설득해야 한다.

넷째, 기독교적 종교교육은 성례전적 영성학의 뒷간신학 관점에서 '하나님과의 신비한 일치와 연합'을 교육목적으로 설정할 수 있다. 특히 성례전적 존재로서 똥은 더 이상 더러움과 혐오의 대상이 아니라 인간 자신의 한 부분이자 또 거룩한 하나님과의 만남을 가능케 하는 중재자이다. 따라서 정혜영의 '똥 속의 하늘'이란 표현처럼, 기독교적 종교교육은 학습자들로 하여금 가장 더러운 똥 속에서도 고귀한 신적 가치가 내재되어 있음을 발견하도록 돕고, 더 나아가 '하나님과의 신비한 일치와 연합'에 이를 수 있도록 도울 필요가 있다. 특히 영성학적 뒷간신학은 똥을 통한 온전성의 교육이다. 똥은 몸과 영혼의 온전한 건강을 측정할 수 있는 바로미터이다. 영혼이 병들거나 혹은 몸이 아프면, 반드시 똥으로 그 징후가 드러나기 마련이다. 예컨대, 현대인들은 수많은 원인으로 하여 스트레스에 고통을 겪고 있는데, 여고생들의 경우 변비로 많이 고생한다는 것은 널리 알려진 사실이다.[44] 말하자면, 변비는 스트레스의 표현인 것이다. 뿐만 아니라 영혼

---

44 여고생의 변비문제와 생활습관과의 관련성에 대해서는 김은주, "일부 여고생의 배변실태와 생활습관과의 관련성," 『한국학교보건교육학회지』, 제11권 2호(2010.12), 71-87 참조.

이 병들 때, 변비가 발생하고 심지어 치질로 고생을 하게 된다. 따라서 건강한 똥의 모습은 우리 인간의 온전성을 확인하는 척도이다.

하나님께서는 우리 인간을 온전한 인간이 되도록 창조하시고 또 우리를 그러한 존재에로 부르신다. 이런 점에서 최근 기독교교육을 '온전성wholeness의 교육'으로 명명하는 것은 매우 의미있다. 온전성 교육의 측면에서 똥은 인간의 온전성을 물질적으로 평가할 수 있는 중요한 내용이다.[45] 특히 인간은 똥을 통해 자신의 건강이 측정된다. 그래서 옛부터 건강한 똥이란 "굵고, 노랗고, 길다"고 하였다. 말하자면 아침에 화장실에 가서 자신의 대변을 본 뒤, 자신의 똥을 관찰하도록 교육할 필요가 있다. 이때, 자신의 똥이 굵고 노랗고 길다면, 그는 하나님께서 주신 대로 건강하다는 표시요, 그렇지 않다면 건강하지 않다는 신호로 해석할 수 있을 것이다. 그래서 똥을 통해 자신이 어제 어떤 삶을 살았는지 반성하게 된다. 무엇보다 나와 하나님, 나와 자연, 그리고 나와 자신 사이에 관계가 원만하였는지, 즉 천지인의 조화를 추구하는 '온전성'의 문제를 교육해야 한다.

교사와 학습자, 그리고 교수 – 학습과정

뒷간신학적 입장에서 교사와 학습자는 어떻게 이해될 수 있을까? 뒷간신학의 조감도는 교사와 학습자(인간)의 이해와 그에

---

45 이와 관련해서는 김도일, 『온전성을 추구하는 기독교교육』(서울: 장로회신학대학교출판부, 2011) 참조.

따른 교수-학습과정에 있어 다음과 같은 네 가지의 통찰을 제공한다. 첫째, 생태신학적 뒷간신학은 교사와 학습자 모두 동일하게 똥을 누는 존재, 곧 '자연'(땅)의 존재임을 다시 한번 각성시킨다. 특히 히브리성서는 인간 '아담'이 땅을 뜻하는 히브리어 '아다마'에서 온 것을 상기시킨다. 이것은 교사와 학습자 모두 자신의 몸 안에 곧 자신의 장기 속에 똥을 품고 살아가는 똥의 존재임과 동시에 똥을 싸서 자신의 존재 밖인 땅으로 설사 내보낸다 할지라도 그 역시 자신과의 다르지 않은 똥의 존재임을 강조한다. 따라서 교사와 학습자는 이러한 똥의 존재인식을 통해 깊은 동료의식을 가질 수 있다. 이런 점에서 볼 때, 똥과 관련된 교수-학습과정은 똥이 학습자에게 매우 흥미로운 교육의 매체가 될 수 있고, 그런 점에서 교수-학습과정은 '놀이'를 중심으로 진행되는 것이 적절하다.[46]

둘째, 대화신학적 뒷간신학은 교사와 학습자가 상호대화적 존재임을 깨닫게 한다. 전통적으로 볼 때, 교사는 특정한 지식을 학습자에게 전달하는 존재였고, 반대로 학습자는 일방적으로 교사의 지식을 전수받는 비대칭적 대화의 존재였다. 그러나 대화신학적 뒷간신학은 교사와 학습자가 결코 비대칭적 대화의 존재가 아니라 상호평등한 대칭적 존재임을 강조한다. 그런데 똥과 관련한 대화적 관심은 교사와 학습자가 서로 다른 '관심의 비대칭적 존재'일 수밖에 없다. 예컨

---

46 특히 영아들을 대상으로 한 배변교육은 '놀이'를 중심으로 이루어지는 것이 매우 중요하다. 자세한 것은 노희연, "영아의 배변학습과정에서 나타난 놀이의 의미 탐색," 『열린유아교육연구』, 15:4(2010), 23-52 참조.

대, 만 1~2세 배변기의 학습자는 똥을 잘 누고 뒤를 잘 닦는 일을 주요 발달과업으로 자신의 관심을 집중하겠지만, 그를 가르치는 양육교사는 유아의 배변학습을 돕는 존재로서뿐만 아니라 똥과 관련하여 유아에게 '자율성'의 덕목이 잘 학습될 수 있도록 의미 있는 타자로서 역할을 한다. 따라서 교사와 학습자는 대화신학적 뒷간신학에 따라 상호대칭성과 비대칭성의 긴장 관계를 깊이 염두에 둘 필요가 있다. 이런 점에서 똥과 관련된 교수−학습과정은 '대화'와 '체험', 그리고 상호관심 영역의 다름을 존중하는 배려를 중심으로 진행될 수 있다.

셋째, 비판학적 뒷간신학은 교사와 학습자에게 공통적으로 똥과 관련하여 자본주의와 과학기술 문명을 비판적으로 성찰할 수 있는 '성찰적 주체reflective subject'임을 강조한다. 여기서 성찰적 주체란 교사와 학습자 모두 도구적 이성을 넘어 자본주의와 과학기술 문명 그리고 교회생활의 본질이 무엇이지 비판적 성찰을 통해 깨닫는 데 관심을 둔다. 특히 그들은 도구적 이성으로 똥이 갖고 있는 더러움과 질병의 측면을 바르게 인식할 수 있어야 할 뿐만 아니라 그것을 넘어 성찰적 이성을 통해 똥이 가진 창조적이고 생명지향적인 측면도 헤아릴 수 있는 혜안을 가진 존재를 의미한다. 이런 점에서 교수−학습과정은 그룹의 공유적 실천 접근shared praxis approach이 보다 효율적으로 고려될 수 있을 것이다.

넷째, 성례전적 영성학의 뒷간신학은 교사와 학습자 모두 자신들이 성례전적 존재임을 인식하도록 돕는다. 여기서 성례전적 존재란 유한한 인간이 영원한 하나님과 연결된 존재라는 의미를 뜻한다. 마치 똥이 단순히 냄새나는 더러운 물질만이 아니라 하늘을 담고 있는 거룩한 성례전적 존재이듯이, 교사는 학습자에게 하나님을 매개하는 성례전적 존재이다. 그래서 학습자는 교사의 똥습적 활동을 통해 하나님을 만난다. 그리고 역으로 학습자도 교사에게 성례전적 존재이다. 그래서 교사는 학습자의 재잘대는 똥수다를 통해 하나님을 만난다. 특히 교사와 학습자가 똥을 주제로 하여 함께 대화하고 놀이하는 과정에서 서로의 얼굴을 통해 숨어 계신 하나님을 발견할 수 있다. 따라서 교수-학습과정에서 성례전적 깨달음을 돕는 이야기와 여러 창의적 활동은 매우 중요한 방법이 될 수 있다.

교육내용

뒷간신학에 근거한 기독교적 종교교육은 가르쳐야 할 교육내용의 선정으로서 무엇을 고려할 수 있을까? 이와 관련하여 네 가지를 생각해 볼 수 있다. 첫째, 기독교적 종교교육은 생태학적 뒷간신학에 따라 똥과 관련한 생태학적 연구성과들을 교육으로 선정할 수 있다. 우선 성서에 반영된 똥과 관련된 내용이다. 앞서 다루었던 유대인의 정결법(레 10-15장), 쿰란공동체의 정결법, 예수의 정결법에 대한 사유들, 그리고 바울의 똥에 대한 용례들을 포함한다. 그리고 동서양의 똥에 대한 이해, 특히 동서양의 화장실의 역사를 비판적으로 성찰할 수 있고, 최근 기후위기의 문제와 연결시켜 똥의 문제를 탐색하는 것도 의미가 있다. 특히 정결법에 뒷간신학적 해석을 통해 위생교육의 측면에서 '화장실 사용법'(매뉴얼)을 개발하는 것도 의미가 크다. 뿐만 아니라 다양한 형태의 화장

실 체험을 비롯하여, 생태화장실의 방문도 고려될 필요가 있다.[47]

둘째, 대화신학적 뒷간신학에 따라 기독교적 종교교육은 교육내용으로서 배변교육을 보다 다양화 할 필요성이 있다. 좀 더 구체적으로 설명하면, 배변교육의 교육내용은 지금까지 발달심리학적 논의에 따라 주로 만 1~2세를 중심으로 이루어졌다. 특히 프로이드의 항문기와 에릭슨의 자율성과 수치심의 시기에 배변훈련이 집중적으로 이루어졌다. 한국속담에 "세 살 버릇 여든 살까지 간다"는 말이 있듯이, 세 살쯤에 버릇을 잘 들여야 할 것이 바로 바른 배변습관의 형성이다. 이런 점에서 배변교육은 매우 중요하다. 그런데 지금까지 이루어진 뒷간교육의 내용은 주로 아동의 '배변습관교육'을 중심으로만 진행되었다. 말하자면 유아에게 똥 잘 싸기 교육 정도였다. 그러나 기독교적 종교교육은 유아교육의 차원을 넘어서 전 연령층으로 뒷간교육을 확대 강조할 필요가 있다. 그리고 그 내용도 똥을 통해 하나님의 창조섭리, 자연의 구원, 그리고 생태환경의 중요성까지 포함하는 보다 포괄적인 방식으로 전환될 필요가 있다. 그리고 이때 앞서 살핀 똥과 관련된 문학작품들(권정생의 『강아지똥』, 정호승의 시집들, 그리고 김곰치의 『빛』 등)과 이웃 종교들의 '똥' 및 '화장실' 관련된 가르침들을 상호비교하며 해석학적 대화를 시도하는 것도 유의미하다.

셋째, 문명 및 교회 성찰적 뒷간신학의 측면에서 기독교적 종교교

---

47 최근 공중화장실과 관련하여 주목을 받고 있는 곳은 '해우재' 똥박물관(수원시 소재)과 고양시 일산호수공원_'화장실문화전시관' 이다. 해우재에 대해서는 차민정, "아이들은 왜 똥을 좋아할까", 『사이언스월든 인문사회팀 자료집』 참조.

육은 교육내용으로서 화장실(혹은 변기)의 역사적 변화와 특성, 현대 수세식 화장실의 장단점, 특히 기후위기 및 위험사회의 도래와 함께 고려될 필요가 있는 수세식 화장실의 대안적 형태를 탐색할 수 있다. 그리고 똥과 쓰레기를 구분하는 교육내용이다. 똥은 썩기에 생명과 관련되지만, 쓰레기는 썩지 않으므로 죽음과 관련된다. 이런 점에서 똥은 쓰레기 문제로 몸살을 앓고 있는 인류에게 문명비판적 성격을 지닌다. 그리고 똥이 갖고 있는 이중적 상징성(더러움과 질병의 원인으로 서의 똥과 생명을 위한 거름으로서의 똥)을 토대로 교회를 비판적으로 성찰 할 수 있다. 그래서 더러운 똥과 같은 교회세습과 자본주의에 노예화된 교회를 비판할 수 있고, 동시에 융의 그림자처럼 은폐된 이웃종교나 여러 소수자 등의 문제는 언제가 우리가 진지하게 품어야 할 똥이다.

넷째, 성례전적 영성학으로서의 뒷간신학은 교육내용으로서 식사 기도와 함께 '똥 누기 기도'를 고려할 수 있다. 아마도 한국사회에서 기독교인과 비기독교인을 구분하는 외형적인 가장 큰 차이 중 하나는 식사기도일 것이다. 기독교인은 거의 대부분 장소를 가리지 않고 식 사전 기도를 한다. 심지어 큰 소리로 기도를 하여 주위 사람들에게 실례를 범하는 경우가 있다. 이제 기독교인들은 식사기도와 더불어 오직 자신만이 고요히 존재하는 뒷간에서 똥을 누기 전에 드리는 기 도를 습관화하면 어떨까 싶다. 이런 점에서 아래와 같은 "똥 누며 드 리는 기도"를 제안한 채희동의 기도는 의미심장하다.

하나님/오늘도/일용할 양식을 주신 당신께 감사를 드립니다/밥상

에 앉아 생명의 밥이신 주님을 내 안에 모시며/깊은 감사의 기도를 드리는 것처럼/오늘 이 아침에/뒷간에 홀로 앉아/똥을 눌 때에도 기도하게 하옵소서/내 입으로 들어가는 것이/내 뒷구멍으로 나오는 것이오니/오늘 내가 눈 똥을 보고/어제 내가 먹은 것을 반성하게 하옵시고/남의 것을 빼앗아 먹지는 않았는지/일용할 양식 이외에 불필요한 것을 먹지는 않았는지/이기와 탐욕에 물든 것을 먹은 것은 없는지/오늘 내가 눈 똥을 보고/어제 내가 먹은 것을 묵상하게 하옵소서//어제 사랑을 먹고 이슬을 마시고 풀잎 하나 씹어 먹었으면/오늘 내 똥은 솜털구름에서 미끄러지듯 술술 내려오고/어제 욕망을 먹고 이기를 마시고 남의 살을 씹어 먹었으면/오늘 내 똥은 제아무리 힘을 주고/문고리를 잡고 밀어내어도/똥이 똥구멍에 꽉 막혀 내려오질 않습니다//오, 주여 나를 불쌍히 여기소서/똥 한번 제대로 누지 못하며/살아가는 가엾은 저를 용서하소서/내일 눌 똥을 염려하지 않고/오늘 내 입으로 들어갈 감미롭고 달콤함에 눈이 먼/장님 같은 내 인생을 용서하여주시옵소서//하나님, 어제 먹은 것을/오늘 부에게 하시니 감사드립니다/뒷간에 홀로 앉아 똥을 누는 시간은/내 몸을 비워 바람이 통하고 하고 물이 흐르게 하고/그래서 하나님 당신으로 흐르게 하는 시간임을 알게 하소서//오늘 똥을 누지 않으면/내일 하나님을 낳낳 수 없으매/오늘 나는 온 힘을 다해/이슬방울 떨구며 온 정성을 다해/어제 내 입으로 들어간 것들을 반성하며/똥을 눕니다//오늘 내가 눈 똥이 잘 썩어/내일의 양식이 되게 하시고/오늘 내가 눈 똥이 허튼 곳에 뿌려져/대지를 오염시키고/물을 더럽히지 않게 하옵소서//하나님/오늘 내가 눈 똥이/굵고/노랗고/길면/어제 내가 하나님의 뜻대로 잘 살았구나/그렇구나/정말 그렇구나/오늘도 그렇게 살아야지/감사하며/뒷간 문을 열고 세상으로 나오게 하옵소서. 아멘.48

똥과 화장실 문화에 대한 신학적 성찰

똥은 더러움과 혐오의 상징이다. 그래서 사람들은 누군가를 비난할 때 '똥'과 관련된 표현을 사용하여 사람들을 공격하였다. 심지어 똥은 근세에 들어서 콜레라와 같은 수인성 전염병을 일으키고 또 많은 세균과 질병이 불결하고 더러운 것, 제거되어야 할 것으로 타자화되었다. 그래서 근대적 시선 장치를 통해 "똥은 문명의 적"이 되었으며 비위생적이며 냄새나는 혐오의 대상이 되었던 것이다.[49] 똥에 대한 이런 보편적 인식 위에서 본 논문은 똥과 관련하여 세 가지, 곧 똥의 성서적 의미, 똥과 관련한 신학적 성찰로서의 뒷간 신학의 조감도, 그리고 뒷간신학을 배경으로 한 기독교적 종교교육의 방향이다. 그 결과 얻어진 결론은 다음과 같다. 우선, (1) 똥의 성서적 의미로서 두 가지가 드러났다. 첫째, 똥은 제사장의 정결법의 전통에 따라 부정한 것으로 간주되고 있었다. 그것은 차후에 쿰란공동체에서 더욱 강화되었다. 둘째, 예수는 표면적으로는 히브리 성서의 정결법을 전면적으로 부정하지는 않았으나, 더 큰 가치, 곧 '하나님의 나라'라는 가치의 맥락에서 재해석하여 유대의 전통을 극복하고자 하였다. 특히 "열매 없는 무화과나무"(눅13:6-9)의 비유에서 나타나듯이 하나님의 나라를 위한 '거름'(κόπρια)이란 맥락에서 보는 것은 매우

---

48 채희동, 『걸레질하시는 예수』(서울: 대한기독교서회, 2004), 164-167.
49 정혜영, 앞의 책, 328.

독특하였다. 다음으로 (2) 똥과 화장실 문화에 대한 신학적 성찰로써 뒷간신학은 네 가지를 강조하였다. 첫째, 똥은 생태신학적 뒷간신학의 관점에서 결코 부정한 것으로만 보아서는 안 되며, 오히려 하나님의 창조물로 이해되어야 한다. 그래서 똥의 구원이 필요하다. 둘째, 대화신학적 뒷간신학의 관점에서 똥의 참 이해를 위해서는 다양한 연구들 사이의 대화가 요청된다. 특히 지금까지 신학의 분야에서 똥에 대한 연구는 매우 부족하였다. 따라서 뒷간신학의 발전을 위해서는 향후 문학과 심리학, 그리고 자연과학과의 보다 적극적인 대화가 요망된다. 셋째, 똥은 비판신학적 뒷간신학의 관점에서 자본주의를 중심으로 한 현대 문명 및 교회 비판의 원리로 작용될 수 있다. 특히 똥의 이중성(더러움과 거름)을 토대로 고찰될 필요가 있다. 넷째, 성례전적 영성학이란 뒷간신학에서 볼 때 똥은 비록 더러운 혐오의 대상이지만, '똥 속의 하늘'처럼 성례전적 존재로 이해될 수 있다. 이상과 같은 신학적 성찰을 전제로 본 논문은 보다 구체적인 기독교적 종교교육의 새로운 방향을 제시하였다. 그것은 교육목적, 교사와 학습자 그리고 교수−학습과정, 그리고 교육내용의 측면에서 뒷간신학의 논의결과를 반영시키는 것이다. 하지만 신학 및 기독교적 종교교육의 분야에서 똥과 관련된 관심과 연구는 매우 미진하고, 또 여전히 더러움과 혐오성의 인식만이 강한 실정이다. 따라서 향후 이와 관련하여 인식의 전환을 위해 똥과 관련하여 다양한 논의가 활성화될 필요가 있다.

참고문헌

"생명연장의 꿈, 그 비밀 열쇠, 똥에 있다?" 『매일경제』. 2021.10.2.

강준만 (2006). "한국 화장실의 역사: 똥은 계급의 첨예한 반영인가?" 『인물과 사상』, 86-139.

강희천 (1991). 『기독교교육사상』. 서울: 연세대학교출판부.

권정생 (1996). 『우리들의 하느님』. 서울: 녹색평론사.

_____ (2002). "강아지똥." 『똘배가 보고 온 달나라』. 서울: 창작과비평사.

김곰치 (2008). 『빛』. 서울: 산지니.

김균진 (2005.2). "구원의 영성과 창조 영성." 『신학논단』. 제39호.

김도일 (2011). 『온전성을 추구하는 기독교교육』. 서울: 장로회신학대학교출판부.

김성원 (2020). "수세식 화장실, 그 적정하지 못한 기술." 『사이언스월든 인문사회팀』. UNiST, 사이언스월든 인문사회팀.

김승혜 · 서종범 · 전해주 · 길희성 · 양은용 · 이정배 · 최일범 (2005). 『불교와 그리스도교의 수행: 한국종교와 대화문화』. 서울: 바오로딸.

김은주 (2010.12). "일부 여고생의 배변실태와 생활습관과의 관련성." 『한국학교보건교육학회지』. 제11권 2호, 71-87.

노희연 (2010). "영아의 배변학습과정에서 나타난 놀이의 의미 탐색." 『열린유아교육연구』. 15:4, 23-52.

박승옥 (2006.1~2). "똥은 에너지다." 『녹색평론』. 제86호, 54-58.

손원영 (2016). "예술영성 형성을 위한 기독교 교육과정 개발에 관한 연구: 위험사회론을 중심으로." 『기독교교육 논총』. 46.

_____ (2009). 『한국문화와 영성의 기독교교육』. 서울: 대한기독교서회.

신제문 · 조현신 (2006). "뒷간에 나타난 한국 조형성의 현대적 활용에 대한 연구."

안철환 (2009). 『시골똥 서울똥: 순환의 농사 순환하는 삶』. 서울: 들녘.

유아사 야스오 (2006).『몸의 우주성: 동서양의 고전을 통해 읽는 몸 이야기』. 이정배·이한영 역. 서울: 모시는사람들.

윤유석·강방훈·김미희·이상영 (2011). "뒷간문화 전통지식의 현대적 활용에 대한 소고."『농업사연구』. 제10권1호. 한국농업사학회.

이동범 (2000). "생태적 관점에서 본 한국의 뒷간."『지역사회』. 제34권.

이용포 (2011).『무위당 장일순: 생명사상의 큰 스승』. 서울: 작은 씨앗.

이화영 (2009). "우리나라 전통건축의 화장실에 관한 연구." 한양대학교 석사학위논문.

장보웅 (1995). "한국 통시(뒷간) 문화의 지역적 연구."

정연학 (2001). "뒷간, 그 서구문화의 확실한 식민지."『실천민속학 새책』. 3, 161-183.

정혜영 (2015).『똥 속의 하늘: 권정생의 똥 이야기로 풀어가는 문학과 신학의 대화』. 파주: 도서출판 하늘.

정호승 (2020).『당신을 찾아서』. 서울: 창비.

조셉 젠킨스 (2004).『똥살리기 땅살리기』. 이재성 역. 서울: 녹색평론사.

조정환 (2011).『인지자본주의: 현대 세계의 거대한 전환과 사회적 삶의 재구성』. 서울: 갈무리.

조태연 (2001). "새로운 비유풀이: 똥과 땅, 그리고 하나님의 나라 – 열매 없는 무화과나무(눅13:6-9)."『세계의 신학』. 제51호.

차정식 (2014). "배변관리."『신약의 뒷골목 풍경』. 서울: 예책.

채희동 (2004).『걸레질하시는 예수』. 서울: 대한기독교서회.

최미정 (2019). "정호승 시에 나타난 똥의 의미."『리터러시연구』. 10:3, 183-214.

카를 융 (2007).『카를 융, 기억 꿈 사상』. 조성기 역, 서울: 김영사.

홍인표 (2021).『강아지똥으로 그린 하나님의 나라: 권정생의 작품과 삶』. 서울: 세움북스.

Anderson, B. W. *Understanding the Old Testament*.『구약성서의 이해II: 계약공동체의 발전』. 제석봉 역. 서울: 성바오로출판사, 1983.

Beck, U. 『위험사회: 새로운 근대성을 향하여』. 홍성태 역. 서울: 새물결, 1997.

Berry, T. (1991). *Befriending the Earth: A Theology of Reconciliation Between Humans and the Earth*. 『신생대를 넘어 생태대로: 인간과 자구의 화해를 위한 대화』. 김준우 역. 고양: 에코조익, 2006.

Boehme, M., Guzzetta, K. E., Bastiaanssen, T. F. S. et al. (2021). Microbiota from young mice counteracts selective age-associated behavioral deficits. *Nature Aging* 1, 666–676.

Boff, L. (1975). *Os Sacramentos Vida E A Vida Dos Sacramentos*. 『성사란 무엇인가』. 정한교 역. 왜관: 분도출판사, 1981.

Dunn, J. D. G. (2003). *Jesus Remembered*. 『예수와 기독교의 기원: 역사적 예수 복음서의 예수 그리고 하나님의 나라』. 차정식 역. 서울: 새물결플러스, 2010.

Dunn, J. D. G. (2005). *The Historical Jesus in Recent Research*. Eisenbrauns.

Feachem, R. G., Bradley, D. J., Garelick, H., & Mara, D. D. (1983). *Sanitation and Disease: Health Aspects of Excreta and Wastewater Management* Chichester, UK: John Wiley & Sons for The World Bank.

Funk, R. W. (1993). *The Five Gospels: What Did Jesus Really Say? The Search for the Authentic Words of Jesus*. New York: Scribner Book Company.

George, R. (2009). The Big Necessity: *The Unmentionable World of Human Waste and Why It Matters*. 『똥에 대해 이야기해 봅시다, 진지하게: 화장실과 하수도의 세계로 떠나는 인문탐사 여행』. 하인해 역. 서울: CARACAL, 2019.

Guzzetta, T. F. S. Bastiaanssen, et al. (2021). "Microbiota from Young Mice Counteracts Selective Age-Associated Behavioral Deficits," *Nature Aging* (August, 2021), 666–676.

Jensen, P. P. (2020). *Graded Holiness: A Key to the Priestly Conception of the World*. 『거룩의 등급: 제사장의 세계관 이해를 위한 열쇠』. 김한성 역. 용인: 도서출판 목양, 2020.

Nickolohoff, J. B. (1996). *Gustavo Gutierrez: Essential Writings*. New York: Orbis Book.

Pöhlmann, H. G. (2002). *Abriss der Dogmatic*. 『교의학』, 이신건 역. 서울: 신앙과지성사, 2012.

Thiessen, M. (2020). *Jesus and the Forces of Death*. 『죽음의 세력과 싸우는 예수: 1세기

유대교 정결의식의 관점에서 본 예수의 사역』, 이형일 역. 서울: 새물결플러스, 2021.

Tillich, P. (1967). *A History of Christian Thought: From Its Judaic and Hellenistic Origins to Existentialism*, ed. by Carl E. Braaten. New York: Simon and Schuster.

http://www.who.int/water_sanitation_health/diseases/diseasefact/en/index.html. 2021.10.10. 검색.

http://www.wamis.go.kr/ewi/sub/sub05/sub05_05.aspx. 2021.10.11. 검색.

제3장

생멸의 과정과 배설, 감관의 수호: 똥에 관한 불교적 독해

박병기(한국교원대학교 윤리교육학과 교수)

3

생멸의 과정과 배설, 감관의 수호: 똥에 관한 불교적 독해

●

관찰 대상으로서의 똥

우리는 언제부턴가 더러움과 깨끗함을 구분하는 데 익숙해졌고, 깨끗함을 좋아하고 더러움을 혐오하는 감각적 차원의 가치판단에도 익숙해져 있다. 생명체로서 인간이 살아남는 과정에서 이런 가치판단은 도움이 되었기 때문에, 뇌의 어떤 부분에 새겨져 후대로 유전되었을 것으로 추측해볼 수 있다. 여기까지는 자연스러운 과정이라고 할 만하다. 인간의 뇌가 생각하는 것을 주된 목적으로 설계되지 않았고, 오히려 어떤 상황에서도 생존력을 높이는 방향으로 설계되었다고 보는 것이 더 타당하다는 뇌과학의 최근 연구 성과와도 부합한다(배럿, 2021: 서문).

문제는 그 깨끗함과 더러움에 관한 인식이 실제의 그것과는 일정한 거리를 유지한 것일 수 있다는 데서 생긴다. 우리는 깨끗한 것을 대체로 잘 정리되어 있고 위생적으로 세균 등을 억제할 수 있는 조건이 갖춰진 것과 동일시하고, 더러운 것은 그와 반대되는 것으로 정의하곤 한다. 크게 문제가 없는 것으로 보일 수도 있는 이러한 정의는 그러나 자신의 장 속에 수많은 미생물을 간직하고 있을 뿐만 아니라 미생물과 공존하지 않으면 제대로 된 소화가 어려울 수도 있다는 실제 상황과 상당한 정도의 긴장을 노출시키는 요인이 되기도 한다. 더 나아가 우리도 서구 근대문명의 상징이라고 할 만한 수세식 화장실의 보편화를 통해 오줌과 똥과의 거리 유지를 문명적인 삶의 주요 척도로 받아들이게 되면서, 자신이 먹는 것과 싸는 것의 거리를 화해 불가능할 정도로 넓히고 말았다.

모든 생명체는 분리되지 않는 외부를 전제로 투입과 산출이라는 두 통로로 이루어지는 소화消化의 과정을 통해 비로소 생존할 수 있다. 이 과정에 문제가 생기면 그 생명체는 고통을 느끼게 되고, 어느 정도를 넘어서면 더 이상 생존하지 못하고 소멸로 접어들게 된다. 불교는 이 자연스러운 과정에 관한 관찰이 지니는 의미에 주목해온 종교이자 철학이다. 나와 분리되지 않는 외부에서 들어오는 것들을 잘 받아들여서 소화시켜 다시 그 외부로 내보내는 생명의 체계system에 관한 관찰을 진리를 찾아가는 중요한 과정으로 상정해왔다는 것이다.

이 관찰은 그 과정과의 거리를 전제로 할 수 있을 때라야 비로소 가능해진다. 붓다는 자신의 몸에 들어오는 공기와 음식을 있는 그대

종교와 똥, 뒷간의 미학

로 관찰하면서 호흡과 감각의 변화에 초점을 맞추는 과정을 곧 수행의 과정이라고 생각했다. 그러면서 그것에 얽매이지도 않아야 하지만, 자신의 몸이 생존하기 위한 요건인 공기와 음식의 중요성을 경시해서도 안 된다는 의미의 중도中道를 동시에 강조했다.

똥은 오줌과 함께 공기와 음식을 섭취해서 소화를 시킨 후에 내보내는 산출의 과정에 속하는 결과물이다. 산출의 과정은 당연히 투입의 과정을 전제로 할 때에만 가능하고, 동시에 중간에 소화라는 생명체의 자연스러운 움직임을 전제로 해야만 가능한 연속적인 흐름 속에 있다. 이 흐름을 관찰하는 일은 우리 삶의 과정을 관찰하는 일과 분리되지 않고, 그런 점에서 똥을 관찰의 대상으로 삼는 일은 삶 자체의 흐름을 관찰하는 일과도 분리될 수 없다. 똥에 관한 불교적 독해의 한 시도인 이 작은 글을 통해서 필자는 그런 흐름에 주목하면서 동시에 그 흐름에 관한 관찰을 통해 얻어질 수 있는, 삶에 임하는 불교적 지혜에도 주목해보고자 한다. 불교 자체가 단순한 이론적 탐색에 그치기보다 실천과의 미분리 속에서 진리를 추구하는 실천철학으로서의 특성도 지니고 있기 때문이다.

생멸生滅의 과정으로서 삶과 똥, 해우소

생멸의 과정으로서 삶

우리 생명체는 숨을 쉬는 것으로 살아있음과 죽어있음을 판정받는다. 들숨과 날숨의 흐름이 끊어지는 순간은 살아있음에서 죽어있음으로 넘어가는 구비이고, 그 숨의 흐름을 가능하게 하는 원천은 햇빛과 공기, 물, 음식 등의 섭취와 소화에 기반한 기운氣運 또는 에너지energy이다. 그 흐름의 중심은 산소로 표현되는 공기이지만, 그 공기를 들이킬 수 있는 기운이 없다면 들숨과 날숨 사이의 흐름이 끊어져 죽음의 단계로 접어들게 된다.

모든 생명은 생겨나서 자라 자신에게 주어진 일정한 궤적을 그리다가 소멸해간다. 이 과정을 불교 개념으로 바꾸면 생멸生滅의 과정이 되고, 그 과정에 관한 성찰이 붓다 깨달음의 근간이 된다.

"무엇이든 생겨나는 모든 것은 소멸한다."(전재성 역주, 2014, 556)

초기 경전에서 지속적으로 등장하는 이 진리는 붓다의 깨달음에서 핵심을 차지한다. 제자들이나 낯선 바라문들이 찾아와 당신이 깨달은 진리의 내용이 무엇이냐고 물을 때마다 한결같이 내놓는 답이 바로 '모든 생겨나는 것들은 사라지게 마련이다.'이고, 그것에 해당하는 한자어로 채택된 것이 '생멸生滅'이다. 이 생멸은 진여眞如와 짝을 이루어 중생과 붓다, 일상과 깨달음이라는 삶의 두 차원을 설명하는 개념으로 자리 잡아 우리에게 전해지고 있다.

생멸의 과정은 다른 한편 들숨으로 상징되는 무언가를 들이마시고 먹는 과정과 날숨으로 상징되는 순환과 소화의 과정으로 이루어진다. 생물학에 뿌리를 둔 체계이론에서 투입input과 산출output이라는 개념으로 잡아낸 것이기도 한데, 그 핵심 속성은 흐름이다. 흐르지 못하고 멈추어 버리면 문제가 생겨나기 시작하고, 그 문제의 끝은 결국 죽음일 수밖에 없다. 물론 모든 생명체가 지니게 된 생멸의 과정과 특별한 문제가 생기는 과정에는 일정한 차이가 있고, 그 차이에 유의하면서 일상의 흐름을 이끌어내는 것이 우리 인간생명체에게 주어진 실존적 과제이다.

투입의 주요 요소는 음식과 공기, 물 등이고, 산출의 핵심 요소는 땀과 눈물, 오줌, 똥 등이다. 잘 먹고 소화시켜서 얻은 기운으로 일상의 과업을 수행하고, 그 남은 것들은 땀과 오줌, 똥으로 잘 내보내는 과정이 '좋은 삶'의 기본 요건이라고 말할 수 있다. 그 과정을 조금 넓은 시야에서 바라보는 것이 생로병사生老病死의 과정이 될 것이다. 붓다는 인간을 포함한 그 어떤 생명체도 이 생로병사의 과정을 겪어야 한다는 점에서 차이가 없음을 강조하고자 했고, 동시에 그 과정이 타자와의 의존을 통해서만 가능한 것이라는 입장을 취하고자 했다. 그 타자 속에는 다른 인간들뿐만 아니라 동물과 식물, 무생물이 포함된다. 그런 점에서 보면 생멸의 과정은 공기와 물, 음식이 한 인간의 몸으로 들어가서 땀과 오줌, 똥으로 나오는 과정을 의미함과 동시에, 그 과정 자체가 타자와의 의존 속에서만 가능함을 의미하는 것으로 해석될 수도 있다. 이런 과정을 있는 그대로 알고 자신의 일상 속에서 실행에 옮기는 사람이 곧 바람직한 수행자이고, 그는 깨달은 자이다.

> *"끝없는 윤회와 한 쌍인 죽음과 태어남의 그 모든 허구를 분별하여, 티끌을 떠나 더러움 없이 청정하게 태어남을 부순 자라면 그는 깨달은 님이다."(전재성 역주, 2015, 221)*

여기서 우리가 주목하게 되는 한 구절은 바로 '죽음과 태어남의 그 모든 허구를 분별함'이다. 생멸의 과정은 태어남과 살아감, 죽음으로 이루어지고, 윤회의 굴레를 벗어나지 못했을 경우 그 죽음은 다시 태어남으로 이어진다. 죽음과 태어남의 그 모든 허구는 바로 이러한 흐름에 관한 통찰이 이루어진 다음에 얻을 수 있는 깨침에서 가능한 목표 지점이다. 그런데 죽음과 태어남의 과정은 오늘 우리 일상 속에서도 지속되고 있고, 그것이 바로 먹고 소화시켜 내보내는 과정이다. 생애 전반에 걸친 태어남과 죽음은 오늘 하루의 일상 속에서도 그대로 재현되고 있음을 깨치는 일이 깨달음으로 가는 길이 될 수 있다는 의미다. 그런 점에서 섭취하는 음식물과 그것을 가능하게 하는 사람들과 자연물에 관한 관심과 함께, 소화를 거쳐 내보내는 배설물에 관한 관심은 '죽음과 태어남의 허구를 분별함'의 출발점이 된다.

불교에서 바라보는 똥과 해우소(解憂所)

"동사東司, 즉 화장실 여기 7당의 하나로 위치는 승당 밑에 있다. … 동사 소임을 정두淨頭 또는 지정持淨이라고 하는데, 정두는 총림의 소임 가운데서도 하급 소임이다. 그래서 승려들이 가장 맡기 싫어하는 소임 가운데 하나다. 설두 화상과 같은 경우엔 그 일을 자청했는데, 간화선의 대성자 대혜선사도 9개월이나 자청해서 정두 소임을 맡았다. 하심下心 공부는 뒷간 청소만한 것이 없다. 더러움과 깨끗함의 분별심을 버리는 정두 소임만한 것이 없는 것이다."(윤창화, 2017: 242-243)

"한때 어떤 수행승이 뱀에게 물렸다. 세존께 그 사실을 알렸다. (세존께서 말씀하시기를) 수행승들이여, 네 가지 대정화제, 즉 똥물과 오줌, 재, 진흙을 주는 것을 허용한다. … 그런데 다른 때에 어떤 수행승이 독을 마셨고 세존께 그 사실을 알렸다. (세존께서 말씀하시기를) 수행승들이여, 똥물을 마시게 하는 것을 허용한다."(전재성 역주, 2014: 527)

"자제하고 남이 보시한 것을 먹는 자에게
때맞추어 공경하여 죽을 베풀면
열 가지 은혜를 베푸는 것이니
목숨과 아름다움과 즐거움과 힘이네.
그리고 이것에서 변재가 생겨나고
배고픔과 목마름을 없애고 기운을 조절하고
배를 정화하고 음식을 소화하니
이 약이 행복하신 님께서 칭찬한 음식이다."(전재성 역주, 2015: 550)

제3장 생멸의 과정과 배설, 감관의 수호: 똥에 관한 불교적 독해

첫 번째 인용에서는 우리 선원禪院의 뿌리를 이루는 중국 당송시대 선종사원에서 화장실이 어떤 위상을 차지하고 있었는지를 짐작할 수 있고, 두 번째와 세 번째 율장의 인용으로는 약으로 사용된 똥과 죽의 사례를 알 수 있다. 이런 인용을 통해서 우리는 불교가 생멸의 과정에 관한 관찰을 토대로 삼아 지나치지 않는 양의 음식과 꼭 필요한 약의 섭취를 권장해왔음을 알 수 있다. 또한 여러 수행자들이 일정한 시간을 정해 함께하는 안거安居를 위해 동사東司라는 화장실을 수행공간과 가까운 곳에 마련해두고 있었음을 알 수 있지만, 대부분의 수행자들은 그 화장실을 청소하는 정두淨頭를 내켜하지 않았다는 사실 또한 함께 확인하게 된다.

화장실을 근심을 푸는 공간이라는 의미의 해우소解憂所라고 불러온 우리 절의 풍습과는 조금 거리가 있어 보인다. 다른 한편 그런 거리낌은 오히려 고통의 감내라는 과정을 불러와 수행자가 제대로 인식할 수만 있다면 온전한 수행의 과정이 될 수 있는 가능성 또한 시사한다는 해석이 가능하다. 절집에 들어가면 마당 쓸고 땔감을 마련하고 해우소 청소를 하게 했던 전통과도 연결되는 지점이지만, 이때 동자승에게는 그런 수행의 과정에 대한 자각이 없다는 점에서 스스로 그 과정을 떠맡는 주체적인 수행과는 차이가 있다.

똥 자체는 어떨까? 우리 일상 속에서 똥은 '똥'이라는 말 자체의 사용을 억제할 정도의 금기어다. 최근에 아동용 교육자료에서는 똥이 자신의 한 부분을 이루는 자연스러운 것으로 묘사되는 경향이 나타나고 있지만, 아직 전반적인 분위기는 가능하면 멀리해야 하는 것으로 규정하는 것이다. 초기 경전을 비롯한 불교 경전에서도 이런 경향은 크게 다르지 않다. 화두로 등장하는 '똥 묻은 막대기'의 경우에도 똥을 치우는 막대기에 주목하면서 그것이 어떤 의미를 갖는지를 묻는 데 집중하는 것으로 보인다.

> *"운문화상에게 한 수행자가 물었다.*
> *'무엇이 부처입니까?'*
> *화상은 이렇게 말했다.*
> *'똥 묻은 막대기다.'"*(오현 역해, 2007: 130)

이 공안에 관한 해석은 쉽지 않고 또 열린 답을 전제로 해야 하는 화두이지만, 대체로 부처와 조사에도 얽매이지 말라는 의미의 '초불월조超佛越祖'로 해석해볼 수 있다. '부처나 조사가 수행자가 수행을 통해 도달해야 할 전범이기는 하지만, 그렇다고 그것에만 집착하다 보면 새로운 문제가 생기기 쉽다.'는 의미의 해석이다(오현 역해, 2007: 133). 불교가 지향하는 궁극적 경지가 모든 절대적 가치에서 벗어나는 것이고, 그럴 수 있기 위해서는 자기 자신은 물론 진리라고 생각되는 것에도 집착하지 말아야 한다는 것이다.

우리 논의는 이런 선불교적 해석과 일정한 거리를 유지하고 있다. 말 그대로 '똥 묻은 막대기'에 주목하고 있고, 그것은 일상어의 더럽고 하찮은 막대기라는 의미 이외의 것으로 보기는 어렵다는 뜻이다. 부처도 더러운 똥이 묻어 말라비틀어진 막대기에 불과한 것일 수 있음을 알아차리라는 의미로 해석하는 것이 타당하고, 그런 점에서 '더러운 똥'이라는 일상어의 맥락을 벗어났다고 보기는 어렵다.

오히려 우리가 주목해야 할 지점은 똥과 오줌을 해독제로 허용하고 있는 율장의 용례이다. 우리 전통에서도 매를 맞은 사람에게 똥물을 처방해왔던 사례를 떠올리게 하는 이 용례에서 똥과 오줌은 어떤 의미를 지닐 수 있을까? 아마도 그것들은 일종의 극약처방으로 해석될 수 있을 것으로 보인다. 일반적인 약제로는 치료가 불가능한 독이나 장독杖毒에 대한 극약으로 똥과 오줌이 선택되었고, 그 실제 과학적 성과와는 관계없이 실제로 처방되어 사용되어온 역사를 불교사 속에서도 확인할 수 있다. 어쩌면 우리 전통의 똥물 처방도 불교의 유입과 관계된 것은 아닐까 하는 짐작까지 가능하게 하는 지점이다.

그렇다고 해서 이 사례를 똥과 오줌을 바라보는 불교의 일반적 관점을 이끌어내는 전거로 삼을 수는 없다. 전반적으로 불교에서도 똥과 오줌은 더러운 것으로 간주되었고, 따라서 피해야 할 대상으로 받아들여졌다고 보는 것이 더 타당한 관점이다. 다만 극약으로 쓸 수 있는 가능성이 열려 있었음을 확인함으로써 오늘날 우리가 갖고 있는 분뇨糞尿에 대한 극단적인 혐오감을 완화시킬 수 있는 관점으로 활용될 수 있다는 정도의 의미 부여는 가능할 것으로 보인다.

이러한 똥에 관한 불교계의 전반적인 경시는 모든 문화권과 대체로 공유해온 것이어서 특별할 것은 없지만, 그럼에도 온전히 바람직한 것이라고는 볼 수 없다. 똥은 오줌과 함께 생멸의 과정을 상징하는 두 축, 즉 먹는 것과 싸는 것의 한 축을 이루는 것이기 때문이다. 그런 점을 고려하여 우리는 생멸의 과정에 관한 통찰을 강조해온 불교 수행론의 관점에서 똥이 지닐 수 있는 의미에 주목해보고자 한다. 이런 주목을 통해 불교 일반의 똥에 관한 경시를 다른 차원에서 재정립할 수 있는 가능성이 열릴 수도 있을 것이기 때문이다.

●
배설 과정에 관한 감관感官의 수호로서
사념처四念處 수행

배설 과정에서 감관의 수호

"딴하와 아라띠와 라가를 보고 성적 접촉에 대한 욕망이 결코 일어나지 않는다. 그 똥과 오줌으로 가득 찬 존재가 도대체 무엇이란 말인가? 두 발조차 그것을 건드리길 원하지 않는다." … 관찰하면서 견해에 집착하지 않고 성찰하면서 나는 내면의 적멸을 본 것이다.(전재성 역주, 2015: 318, 밑줄은 필자의 것이다.)

이 인용에서 우리는 불교 수행의 핵심을 직접 확인할 수 있다. 수행은 관찰과 성찰이라는 두 차원으로 전개된다는 것이다. 관찰할 때는 세상에 존재하는 온갖 견해에 집착하지 않는 여실지견如實知見의 실천적 지혜가 요청되고, 성찰할 때는 내면의 붓다를 통해 적멸을 볼 수 있도록 해야 한다는 것으로 요약해볼 수 있다. 그런데 성적 매력이 있는 한 여자를 관찰할 때, 그 배 안에 있는 '똥과 오줌'을 볼 수 있으면 두 발로도 건드리고 싶지 않을 만큼 욕구를 조절할 수 있다고 말하는 부분에서 우리는 잠시 멈칫하게 된다.

한 사람의 뱃속에 있는 똥과 오줌을 떠올리는 것으로 성적 욕구를 다스릴 수 있는지와 관련된 논란은 일단 접어두고, 이 지점에서 불교가 그 똥과 오줌을 어떻게 관찰하고 있는지에 초점을 맞춰볼 필요가 있다. 두 가지 해석이 가능하다. 하나는 사실적 차원의 관찰로 그냥 인간의 주된 구성요소 중 하나가 똥과 오줌이라는 사실을 적시하고 있다는 해석이다. 똥과 오줌이 더럽고 피해야 할 것이라는 세상의 견해에 집착하지 않고 그냥 성적인 욕구를 불러일으키는 대상의 뱃속에 있는 그것들을 똑바로 바라볼 수 있어야 한다는 가르침으로 해석할 수 있다는 의미이다. 충분히 가능한 해석이지만, 만약 그 똥과 오줌이 더럽고 피해야 할 것이라는 판단이 전제되지 않는다면 성적인 욕구가 다스려지지 않을 가능성이 높다는 점에서 문제가 생긴다.

그런 문제를 넘어설 수 있는 두 번째 해석은 붓다 스스로도 똥과 오줌은 더럽고 피해야 할 것이라는 세상의 견해를 전제로 하고 있음을 인정하는 것이다. 그럴 경우 세상의 견해에 집착 하지 말라는 가르침과 충돌할 수 있는 가능성이 열린다는 또 다른 문제를 감수해야 하지만, 맥락상 그렇게 해석하는 것이 더 적절하다는 사실을 인정할 수밖에 없다. 그래야만 성욕이 다스려질 수 있기 때문이다. 다만 이 지점에서는 그다음 문장, 즉 성찰로 내면의 적멸을 볼 수 있다는 문장과 어떻게 연결시킬 수 있을지를 고민해 보아야 한다. 전체적인 맥락이 이어져 있다는 점에서 그러하다.

"물 위로 솟아 가시줄기에 핀 연꽃이 물이나 진흙에 더럽혀지지 않듯, 성자의 삶을 사는 님은 적멸에 관해 말할 뿐 탐욕을 여의어 감각적 쾌락의 욕망에도 세상에도 더럽혀지지 않는다. … 여러 지각에서 떠나면 속박이 없고, 지혜로써 해탈하면 미혹이 없다."(전재성 역주, 2015: 320-321)

곳곳에 등장하는 연꽃의 비유를 통해 여기서도 감각적 쾌락의 욕망이나 세상에 더럽혀지지 않는 감관의 수호를 적멸에 이르는 수행의 핵심적 실천으로 제시하고 있다. 그렇다면 배고픔의 욕구에 기반한 음식물 섭취와 그 결과로서 똥과 오줌의 배설이라는 행위에 대한 붓다의 견해는 무엇이라고 볼 수 있을까?

하나의 생명체로서 인간은 먹고 싸야만 생존을 보장받을 수 있고, 그 과정은 배고픔과 배설 욕구라는 감각적 욕망을 토대로 해서 가능하다. 이 엄연한 사실은 우리가 모든 생명체와 공유하고 있는 연속적 지점에 속한다. 먹는 것만 소중하고 싸는 것은 더럽고 피해야 할 것이라는 세상의 견해는 이 자연 질서에 어긋나는 잘못된 견해일 뿐이다.

이 문제에 대한 붓다의 입장은 올바른 관찰을 통해 내면의 적멸을 보는 수행에 맞춰져 있음에 주목할 필요가 있다. 그리고 그 수행에 관한 설법은 듣는 사람의 근기根機에 따라 다른 대기설법對機說法이라는 사실에도 유념할 필요가 있다. 알아들을 수 있는 말로 가르침을 설하는 붓다의 방식은 개별화 교육의 방식의 뿌리를 이루기도 한다. 평준화를 전제로 하는 학급 안에서 다른 학습능력과 여건을 갖고 있는 학생들을 대상으로 수업을 해야 하는 교사들이 꼭 지니고 있어야 하는 관점 중 하나이기도 하다.

감관의 수호는 생멸의 과정에 대한 여여如如함의 자세를 전제로 한다. 우리는 먹는 것과 싸는 것이 순환을 이루는 생멸의 과정을 거치면서 비로소 살아갈 수 있는 존재자이고, 그 과정은 배고픔과 뇨기尿氣 같은 신체적 욕구를 통해 전개된다. 배가 고프면 먹어야 하고 오줌이 마려우면 화장실에 가야 하는 것이 인간의 자연스러운 삶을 이룬다. 다른 생명체들과 차이가 있다면 이 과정을 의식할 수 있고, 경우에 따라서는 단식과 같은 행위를 할 수도 있다는 것이다. 물론 단식도 일정한 시간 안에서만 할 수 있을 뿐 그 시간이 지나면 죽음으로 이어질 수밖에 없다. 그럼에도 그 작은 차이는 무시할 수 있는 것이 아니다. 어쩌면 인간다움의 원천일 수 있기 때문이다.

'해 뜨면 일하다가 배고프면 먹고 졸리면 잔다.'는 선사禪師의 일상에는 '똥과 오줌이 마려우면 바지를 내린다.'는 과정이 당연히 포함된다. 그것이 이루어지는 특정한 장소를 마련할 수도 있고, 사람이 없는 산중에서는 아무 곳에서나 할 수도 있다. 그 과정들을 의식하면서도 걸림이 없을 수 있다면, 이미 그는 경지에 오른 수행자라고 할 수 있다. 걸림없음[無碍]의 미학은 그런 점에서 화엄과 선이 공유하는 수행의 목표 지점이 되고, 우리에게 남겨진 과제는 주로 도시를 중심으로 살아가는 일상 속에서 이 걸림없음을 어떻게 구현하느냐이다.

순환의 과정을 거부해버린 도회적 삶의 양식에서 먹는 일과 싸는 일은 철저하게 분리되어야 하는 것으로 받아들여지고 있다. 수세식 화장실이 그 상징이다. 오줌만 누어도 그보다 몇 배되는 물을 동원해 내려 보내면서 우리는 그 철저한 분리에 성공한 것이라는 만족감을 느끼는 데 익숙하다. 그렇게 내려 보낸 하수는 처리장에서 약품을 동원해 처리되어 다시 우리 수돗물로 돌아올 수 있다는 사실이 꺼림칙하여 플라스틱병에 담긴 '생수'를 사먹는다. 이런 악순환이 어떤 결과를 가져오고 있는지를 충분한 정도 이상으로 알게 되었음에도, 그 일상을 바꾸고자 하는 마음을 내어 실천에 옮기는 일에는 대부분 실패하고 있는 중이다.

감관의 수호는 일차적으로 생멸의 과정이 이루어지는 내 몸의 흐름을 관찰하는 일에서 시작된다. 한편으로는 그 흐름을 충실히 관찰하면서도 다른 한편으로는 그 흐름이 지니는 우주적 의미를 음미하는 성찰의 과정이 곧 감관수호의 과정이다. 그렇게 보면 감관의 수호는 수행 자체라고 할 수도 있다.

자연과의 거리가 멀지 않았던 붓다 시대와 비교해서 그 자연과의 격리를 전제로 영위되고 있는 우리 시대에는 그런 의미의 감관 수호에 구조적 차원이 추가되어야만 한다. 모든 것을 상품으로 만들어 시장에 내놓기를 강요하는 자본주의적 삶의 양식 속에서 먹는 것과 싸는 것 또한 상품화되는 경향이 강하다. 대형 가게의 유기농 매장이나 백화점의 수입 화장실 용품점 같은 것들이 그 상징이다. 그런 가운데 매끄럽고 고급스런 것만을 살 수 있는 삶이 행복하고 성공한 삶이라는 광고성 명제가 우리 문화 전반에 스며들게 되었다. 이 문화 속에서는 똥은 물론 음식까지도 인간을 소외시키는 매개체가 될 가능성이 높아진다.

문제는 그런 삶의 방식이 지속가능하지 않다는 사실에서 생긴다.

생과 멸이 분리될 수 없는 관계 속에 있는 것과 같이, 먹는 것과 싸는 것이 분리될 수 없다. 그 둘 사이의 분리를 전제로 삼아 영위되는 우리의 일상이 위태롭고 자기파멸적일 수밖에 없는 근원적 이유다. 더 우려스러운 것은 지속적으로 그 분리를 문화 또는 소비의 이름으로 강화시키고 있는 우리 사회의 구조적 모순이다. 감관의 수호가 개인적 차원에서 시작해서 사회구조적이고 역사적인 차원으로 확장되어야만 하는 이유이다. 그래야만 우리와 우리 아이들에게 미래가 있다.

감관의 수호 방법으로서 사념처四念處 수행

감관의 수호가 개인적 차원과 사회구조적이고 역사적인 차원에서 꼭 필요한 과제라는 당위적 명제에 동의할 수 있다면, 우리에게 남은 과제는 그것을 가능하게 할 수 있는 계획과 실천의 문제이다. 이 두 차원은 분리될 수 없지만, 우선 개인적인 차원에 주목해보도록 하자. 불교적 관점에서 고립된 개인은 존재할 수 없고 모두 연기적 관계망 속에서만 설명될 수 있다는 점에서 개인적 차원의 계획과 실천이 다른 차원과 연결될 수밖에 없기 때문이다. 물론 현대사회의 복잡성과 복합성으로 인해 이런 자연스러운 연결 고리는 이미 확보되기 어려운 상황임을 충분히 고려해야 하고, 그 맥락에 관한 고려를 기반으로 하는 구조적이고 역사적인 차원에서의 방안 모색도 병행해야 할 것이다.

감관의 수호에 관한 초기불교의 지속적인 강조 중에서 오늘날 우리 맥락을 고려하여 호출해 볼 수 있는 수행법으로 사념처四念處 수행을 들 수 있다. 사념처 수행은 '감관의 수호와 제어, 자제'를 위한 붓다 자신의 수행으로 알려져 있다.

> "감관의 수호와 청정한 삶과 감관의 제어와 자제, 이것으로 고귀한 님이 된다. 이것이 으뜸가는 고귀한 님이다."(전재성 역주, 2015: 259)

> "홀로 있는 데서 기쁨을 찾으라. 홀로 있는 것이 해탈의 길이라 불린다. 그렇게 하면 사방을 비출 것이다. 그러나 감각적 쾌락의 욕망을 버리고 선정에 드는 현자들의 칭찬 소리를 들으면, 나의 제자는 더욱 부끄러워할 줄 알고 청정한 믿음을 일으켜야 한다."(전재성 역주, 2016: 277)

이 인용을 통해 우리는 '감관의 수호와 홀로 있음'이라는 수행의 방법과 자세에 주목할 필요성과 마주하게 된다. '홀로 있는 것이 해탈의 길'이라는 붓다의 가르침은 그 홀로 있음에서 기쁨을 찾을 수 있어야 한다는 것으로 이어지고, 그 홀로 있음을 전제로 하는 감관의 수호, 즉 제어와 자제가 곧 깨달은 자가 되는 길임을 확인할 수 있게 해준다.

홀로 있는 상황 속에서 감관의 수호는 물론 여러 사람들과 함께 있는 상황에서 감관의 수호를 배제하는 것은 아니다. 앞의 것이 어느 정도 확립되고 나면 다른 사람이나 존재자들과 함께 하는 상황 속에서도 감관을 수호할 수 있게 되고, 더 나아가 그 수호의 방법을 가르쳐줄 수 있는 스승의 경지까지도 가능해질 것이기 때문이다.

이러한 감관의 수호에 관한 강조는 붓다의 가르침 속에서 '두 가지

관찰'의 과정과 긴밀하게 연결된다. 깨달음에 이르기 위해 꼭 알아야
하는 두 가지 원리를 관찰하는 과정은 각각 괴로움의 발생에 관한
관찰과 그 소멸에 이르는 길에 관한 관찰로 나뉜다.

> "그대들이 말하는 두 가지란 무엇이냐라고 묻는다면, '이것은 괴로
> 움이다. 이것은 괴로움의 발생이다'라고 하는 것이 관찰의 한 원리
> 이고, '이것은 괴로움의 소멸이다. 이것은 괴로움의 소멸에 이르는
> 길이다'라고 하는 것이 관찰의 두 번째 원리이다. 수행승들이여, 이
> 렇게 두 가지 관찰의 원리에 올바로 방일하지 않고 정진하는 수행승
> 에게는 두 가지 과보 중에서 어느 하나를 기대할 수 있다. 즉 현세에
> 서 최상의 지혜를 얻든가, 집착이 남아 있지 않아 열반에 들어 다시
> 돌아오지 않는 님이 되는 것이다."(전재성 역주, 2015: 279-280)

고집멸도의 사성제가 두 가지 관찰로 요약되어 있음을 알 수 있다.
그 둘은 우리 삶의 괴로움과 그 발생 원인을 알아차리는 관찰과 괴로
움의 소멸에 이르는 길을 알아차리는 관찰이다. 이 관찰의 구체적인
방법들이 불교사 속에서 수행론으로 전개되지만, 현재 우리가 접할
수 있는 대표적인 수행법인 간화선看話禪과 위빠사나를 통해서도 그
모습을 발견할 수 있다. 간화선의 경우는 특정한 화두에 몰두하는 것
으로 그 관찰을 대신하고자 하고, 위빠사나의 경우는 관찰이라는 의
미에 좀 더 직접적으로 다가갈 수 있는 길을 제안한다.

위빠사나 수행은 사념처를 중심으로 하는 남방불교의 주된 수행
법으로 이제 우리에게도 낯설지 않은 것이 되었다. 선방에서도 개별

수행자의 자율성이 일정하게 보장되면서 위빠사나 수행이 허용되고 있고, 재가수행자들 중에서는 오히려 더 많은 사람이 위빠사나 수행에 몰두하고 있다고 볼 수 있을 정도로 친숙한 것이 되었다고 할 만하다. 그런데 이 수행법과 북방불교의 전통적인 수행법인 간화선 사이의 관계가 어떻게 설정될 수 있을지에 관한 논의나 합의는 한자경의 지적과 같이 수행자들뿐만 아니라 불교학자들 사이에서도 이루어지지 않고 있다(한자경, 2008: 81).

이런 현실은 불교 수행 관련 논의의 이론적 차원이나 실천적 차원 모두에서 바람직하지 않다. 가능한 범위 안에서라도 이 두 수행법 사이의 연계성과 차별성에 관한 논의와 실천이 전개되는 것이 바람직하지만 우리 논의의 범위를 넘어서는 과제이기 때문에, 여기서는 감관의 수호와 보다 직접적으로 연결되는 위빠사나에 집중하고자 하고, 특히 그 구체적인 내용인 사념처 수행을 오늘 우리의 현실 속에서 어떻게 수용할 수 있을지의 문제에 초점을 두고자 한다.

> "비구들이여, 이 도는 유일한 것이니, 중생들의 청정을 위하고 근심과 탄식을 건너가기 위한 것이며, 옳은 방법을 터득하고 열반을 실현하기 위한 것이다. 그것이 바로 네 가지 마음챙김의 확립[四念處]이다. 무엇이 네 가지인가? 비구들이여, 여기 비구는 몸[身]에서 몸을 관찰하며 머문다. …
> 느낌[受]에서 느낌을 관찰하며 머문다. … 마음[心]에서 마음을 관찰하며 머문다. … 법[法]에서 법을 관찰하며 머문다. 세상에 대한 욕심과 싫어하는 마음을 버리면서 부지런하게 분명히 알아차리고 마음 챙기는 자 되어 머문다."(각묵 옮김, 2006: 492,497)

사념처 수행에 관한 이야기는 초기경전의 곳곳에 나오지만, 대념처경만큼 상세하고 분명한 설명을 하는 경전을 찾아보기는 쉽지 않다. 몸과 느낌, 마음, 법이라는 네 차원의 마음챙김을 통해 궁극적으로는 열반에 이르는 길을 구체적으로 제시하고 있기 때문이다. 예를 들어 어떻게 몸에서 몸을 관찰하며 머물 수 있는지에 대해서 붓다는 가부좌를 틀고 몸을 곧추세운 후에 전면에 마음챙김을 확립하며 앉은 후에, '온몸을 경험하면서 들이쉬고 내쉬라'라고 가르치고 있다(각묵 옮김, 2006: 498-499). 특히 우리 논의와 관련지어 주목할 만한 곳은 다음 구절이다.

> *"먹을 때도 마실 때도 씹을 때도 맛볼 때도 분명히 알면서 행한다. 대소변을 볼 때도 분명히 알면서 행한다. … 이와 같이 안으로 몸에서 몸을 관찰하며 머문다. 그는 세상에 대해서 아무 것도 움켜쥐지 않는다. 비구들이여, 이와 같이 비구는 몸에서 몸을 관찰하며 머문다."*(각묵 옮김, 2006: 499, 밑줄은 필자의 것이다.)

감관의 수호는 이처럼 몸에서 시작해서 느낌, 마음, 진리[法]로 확장되면서 이루어지고, 그것이 가능해지면 몸과 마음의 평화는 물론 죽음을 평안하게 받아들이는 열반까지도 가능해질 수 있다는 것이 붓다의 수행에 관한 직접적인 가르침임을 확인할 수 있는 부분이다. 그가 보다 구체적인 수행법으로 제시하는 몸의 32가지 부위에 관한 관찰에서는 '이 몸은 살갗으로 둘러싸여 있고 여러 부정不淨한 것으로 가득 차 있음을 관조한다'라고 전제하고, 그 깨끗하지 못한 것의 사례로 땀과 눈물, 콧물, 침과 함께 오줌을 들고 있다. 이 오줌은 똥과 오줌을 포함하는 분뇨로 확대해석할 수 있는 것이다.

똥과 오줌을 우리 몸이 지닌 깨끗하지 못한 것으로 규정지으면서도 그것을 있는 그대로 관찰할 수 있으면 진리의 깨침에 도달할 수 있다는 것이 붓다의 관점임을 다시 확인하면서, 우리는 그 관찰의 대상에 똥과 오줌을 누는 행위가 주는 느낌과 마음도 포함할 수 있어야 한다는 가르침으로 받아들여야 한다는 점에 유의할 필요가 있다. 몸과 느낌, 마음이 분리될 수 없기 때문이다. 그 연속적인 흐름에 제대로 주목할 수 있을 때라야 비로소 오개五蓋와 오온五蘊, 육처六處, 칠각지七覺支, 사성제四聖諦 같은 진리의 가르침도 관찰의 대상으로 삼을 수 있다는 것이다.

안옥선은 불교윤리를 덕윤리에 가까운 것으로 전제하면서, 불교윤리가 단순히 행위의 원칙에 주목하기보다는 도덕적으로 행동할 수 있는 성품의 확립까지를 목표로 삼는다고 강조한다. 그 성품의 확립은 구체적으로 일상의 탐진치를 소멸시키고자 하는 지속적인 수행을 통해 가능하고, 그 소멸의 방법으로 붓다가 제시한 것이 부정관과 자애, 지혜라는 것이다(안옥선, 2010: 248-249). 그는 부정관을 주로 탐심貪心과 연결짓고, 자애와 지혜는 각각 진심瞋心과 치심癡心과 연결짓고 있다. 『앙굿따라니까야』의 관련 내용까지 인용하면서 탐진치 지멸止滅을 위한 구체적인 수행법을 제안하는 그의 논의에 당연히 공감하면서도, 다른 한편 이 세 마음의 그침이 서로 긴밀하게 연결되어 있고, 그런 점에서 사념처 수행의 4단계 수행은 단순한 단계적 접근의 의미를 넘어서서 서로 연결되고 통합되는 관계로 보아야 한다는 의견을 덧붙이고자 한다.

　초기불교의 수행을 서양철학의 스토아학파의 그것과 비교하고 있는 이찬훈은 초기불교에서는 중생의 욕망과 감정을 극복의 대상으로 보면서도 다른 한편 절제와 소욕지족을 권하기도 한다고 보고 있다(이찬훈, 2019: 178-180). 중도中道의 가르침은 우리의 욕망과 감정에 대한 관찰을 토대로 그것들에 휘둘리지 않는 것을 강조하는 것이지 극단적인 금욕만이 수행이라는 의미를 담고 있지는 않다는 점에서 그의 해석은 타당하다. 그는 사념처에 대해서도 "우리의 몸과 마음을 구성하고 있는 것과 그를 통해 우리가 마주치며 행하는 모든 것들을 그때마다 항상 있는 그대로 관찰하여 알아차림으로써 그것들이 실체가 없고 무상한 것임을 깨닫는 것"이라고 정의하고 있다(이찬훈, 2019: 182). 몸과 느낌, 마음, 진리에 이르기까지 우리의 내외부를 이루고 있는 모든 것들을 있는 그대로 관찰하면서 깨침의 길을 지향하는 연속적인 과정이 곧 사념처라고 보고자 하는 필자의 정의와도 상당 부분 일치하는 것이다.

　그런 점에서 사념처 수행은 감관의 수호를 위한 최선의 수행법이고, 우리 일상 속에서 누구나 시도할 수 있는 생활수행법으로 활용될 수 있는 가능성도 열려 있는 것이라고 볼 수 있다. 문제는 일상 속에서 멈춤과 그침[止]이 선행될 수 있어야 한다는 점인데, 그 그침을 위한 수행법으로서 삼매三昧의 필요성이 자연스럽게 부각되는 지점이기도 하다. 감관의 수호는 멈춤과 바라봄의 두 단계적이면서도 연속적인 과정을 통해 가능하고, 그런 점에서 불교의 수행은 이 두 방향의 수행법 모두를 포함해야 한다는 당위가 성립할 수 있을 것이다.

우리는 이런 당위를 현실 속에서 어떻게 구현할 것인지의 문제와 관련지어 일상의 수행을 가능하게 하는 교육을 떠올릴 수 있다. 공교육 체제의 교육은 물론이고, 가정과 사회 차원의 다양한 교육을 전제로 감관의 수호라는 목표에 일상 속에서 다가갈 수 있는 훈련을 시도해볼 수 있다. 종교교육은 이 과정에서 적극적으로 활용할 수 있는 통로이다. 특정 종교의 교리에 괄호를 치고서도 보다 나은 정신적 삶을 지향하고자 하는 노력으로 종교교육이 자리매김될 수 있고, 그 노력 속에 자신의 몸속에서 일어나고 있는 일들에 관한 정당한 관심과 관찰이 가능할 수 있게 하는 교육도 포함될 수 있을 것이기 때문이다.

●

감관의 수호를 통한 분별의 극복

우리 삶은 생멸生滅의 연속이다. 연기적 의존에 기대 태어나 살아가는 과정이 죽음의 과정과 분리되지 않고, 그 죽음 또한 다른 존재자들의 생멸과 이어질 수밖에 없다는 점에서 생멸은 우리의 삶 곳곳에 편재遍在한다. 그런데 이 편재 상황은 우리 자신을 그 과정 속에 빨아들이는 방식으로 작동할 가능성이 높고, 그 결과 흐름을 보지 못한 채 탐욕과 성냄, 어리석음이라는 세 가지 독을 일상화하면서 아귀다툼에 몰입할 가능성 또한 높아진다. 그 무분별한 몰입의 상황은 대체로 나와 남, 좋은 것과 싫은 것, 깨끗한 것과 더러운 것을 엄격히 분별하는 경향으로 전개된다.

일상의 전개 속에서 이러한 분별은 상相을 만들어내면서 끊임없이 내게 좋은 것과 깨끗한 것만을 추구하고, 그렇지 않은 것들에는 혐오심을 일으키면서 멀리하고자 노력하는 결과를 가져오게 된다. 그 혐오의 대상 중에서 똥과 오줌은 나의 몸속에서 형성되어 나오는 것이라는 점에서 복잡한 위상을 지닌다. 먹지 않으면 살 수 없는 생명체로서 우리는 소화라는 과정을 거쳐 우선 몸속에 똥과 오줌을 저장하고 있다가 일정한 정도를 넘어서면 요기尿氣나 분기糞氣를 느끼면서 배설의 과정으로 접어든다. 만약 이 과정에 문제가 생기면 일상 자체가 곤란해지거나 종국에는 삶 자체의 종언으로 이어질 것이다.

불교에서도 똥과 오줌은 일차적으로 더러운 것으로 분류되고 있음을 우리는 확인했다. 그것은 상대 여성의 뱃속에 들어있는 똥을 상상하는 것만으로 성욕을 억제할 수 있다는 방식으로 표출되거나, '마른 똥막대기'처럼 필요하기는 하지만 더러워서 따로 보관해야 하는 대상으로 분류되어 왔다. 선원禪院에는 동사東司라는 이름의 해우소가 선방과 가까운 곳에 위치해 있었지만, 그 해우소를 관리하는 소임은 대체로 기피하는 것이거나 수행의 어려운 과정으로 받아들이는 것이 되어야 했다.

그런데 붓다가 깨달음을 얻은 직접적인 수행법으로 받아들여지는 사념처四念處 수행에서는 똥의 위상이 조금 다르게 해석될 여지를 지니고 있음을 확인할 수 있었다. 몸에서 느낌, 마음, 진리로 이어지는 네 가지 관찰 대상 중 하나인 몸에 관한 관찰에서 똥을 누는 행위는 '분명히 알아차리면서 해야 하는 것'으로 분류되고, 바로 그 과정을 우리는 '감관의 수호'라는 이름으로 규명해 보고자 했다. 무엇을 먹고 소화시켜 똥이 만들어지고, 또 그것이 항문을 통해서 나오는 과정을 알아차려야 한다는 붓다의 경구는 똥을 단지 더러운 것으로 분류하면서 피하고자 하는 일상의 태도에 대한 준엄한 경고로 해석될 수 있다. 똥 자체가 우리 자신은 물론 우리 삶 자체와 분리될 수 없는 것임을 알아차리는 일이 모든 문제 해결의 출발점인 것이다.

똥에 관한 불교적 독해는 곧 붓다의 똥에 관한 독해이기도 하다. 더러움과 깨끗함을 구분하는 기준 또는 경계는 우리 스스로 무명無明의 그림자 속에서 형성하여 공유하게 된 상相의 결과물일 뿐이다. 특히 먹는 것과 싸는 것 사이의 순환고리를 상실해버린, 이른바 서구 근대문명의 수세식 화장실 문화는 그 상이 빚어낼 수 있는 부정적인 결과가 극단화된 것이라고 할 수 있다. 자신의 몸에서 나오는 것들을 그저 더럽고 불쾌한 것으로만 여기게 만드는 이 문화는 교육에서도 그대로 반복되면서 지구촌을 오염시키고 인간들 자신의 삶을 망가뜨리는 기제로 작동하고 있다.

우리 시대의 종교는 이런 어리석음의 지속적인 악화를 막아낼 수 있는 힘을 지니고 있을까? 이 물음에 쉽게 긍정적인 답변을 하기는 어려운 상황이다. 불교와 그리스도교로 대표되는 우리 사회의 제도종교를 전제로 하면 더욱 그렇다. 절집의 해우소도 거의 수세식으로 바

제3장 생멸의 과정과 배설, 감관의 수호: 똥에 관한 불교적 독해

꾸고 있고, 교회나 성당이라고 해서 사정이 다르지 않다. 먹는 것과 배설물 사이의 극단적인 분리가 종교계 안에서도 일상화되어 있는 셈이다. 이런 일상이 극복의 대상이어야 한다는 당위에 대해서는 누구나 동의할 수 있지만, 구체적인 방법의 영역으로 넘어오면 망설임이 뒤따라온다.

일상과 깨달음, 중생과 붓다를 구분하지 않는 불교의 관점에서 모색해 볼 수 있는 대안은 우리 일상 자체에서 출발하는 멈춤과 관찰의 수행일 것이다. 일상에 편재해 있는 어리석음의 구비들을 지금 이 순간 내 몸에서 이루어지고 있는 섭생과 배설의 과정에 관한 집중을 통해 극복해낼 수 있는 가능성에 대해 붓다는 결코 쉽지 않지만 불가능하지는 않다는 입장을 보였다. 일상을 포함하는 세상의 거센 흐름을 있는 그대로 관찰할 수 있으면 그 과정에 숨어있는 진리를 발견할 수 있다는 가능성이 붓다가 깨달은 이후 일정한 망설임을 거쳐 도달한 교육, 즉 불교佛教의 출발점이다. 똥과 오줌이 우리가 오늘 만나고 있는 공기와 햇빛, 음식 등과 분리되는 것이 아니라는, 어쩌면 상식적인 진리에 관한 주목이 붓다가 강조한 감관의 수호를 통해 가능할 수 있고, 바로 그것이 똥과 오줌으로 인해 주어지고 있는 우리의 개인적이고 집단적인 고통을 극복할 수 있는 길일 것이다. 이런 가능성을 현실에서 구현할 수 있는 통로로 종교교육이 활용될 수 있고, 이때 종교교육은 특정 종교의 교리를 강요하지 않으면서도 종교 자체가 지니는 교육적 특성에 주목하는 방식으로 전개될 필요가 있다.

참고문헌

각묵 옮김 (2006), 「대념처경」, 「대반열반경」, 『디가니까야』 2권, 경남: 초기불전 연구원.

오현 역해 (2010), 『벽암록』, 서울: 불교시대사.

_____ (2007), 『무문관』, 서울: 불교시대사.

전재성 역주 (2015), 『숫타니파타』, 경기: 한국빠알리성전협회.

_____ (2014), 『마하박가 – 율장대품』, 경기: 한국빠알리성전협회.

박병기 (2020), 『우리 시민교육의 새로운 좌표』, 서울: 씨아이알.

_____ (2013), 『의미의 시대와 불교윤리』, 서울: 씨아이알.

박이문 (2008), 『자비 윤리학: 도덕철학의 근본 문제』. 서울: 철학과현실사.

배럿, 리사 펠드먼 (2021), 『이토록 뜻밖의 뇌과학』. 변지영 옮김, 서울: 더퀘스트.

윤창화 (2017), 『당송시대 선종사원의 생활과 철학』. 서울: 민족사.

한병철 (2017), 『선불교의 철학』. 한충수 옮김 , 서울: 이학사.

한병철 (2021), 『고통없는 사회』. 이재영 옮김 , 서울: 김영사.

Lee Chanhoon (2019). Stoic School and Early Buddhist Desire and Emotion Theory, *East Asian Buddhist Culture* Vol.39, East Asian Buddhist Culture Society.

Ahn Okseon (2010). Removal of negative tendencies from Buddhist Virtue ethics, *Korea Journal of Buddhist Studies* No. 26, Korea Association of Buddhist Studies.

Han Jageoung (2008). A Study on Buddhistic Practice: Samatha and Vipassanā, Sati-patthāna and Jhāna-samādhi, *Korea Journal of Buddhist Studies* No. 19, Korea Association of Buddhist Studies.

제4장

기철학에서 본 똥의 가치와 의미

김교빈(한국철학사상연구회 이사장)

4

기철학에서 본 똥의 가치와 의미

●

기氣, 똥, 유기체적 세계관

___

기氣는 동양에서 수천 년 동안 자연과 사회, 물질과 정신을 아우르며 만물의 변화를 설명하는 개념으로 쓰여 왔다. 철학에서는 만물의 발생에서부터 자연과 인간과 사회까지의 모든 변화를 설명하는 형이상학적 틀이었고, 의학에서는 인체의 생리와 병리 현상을 설명하는 이론 근거였다. 또한 천문학에서는 氣가 텅 빈 것처럼 보이는 우주 공간을 가득 채우고 해와 달과 별을 떠받치고 있다고 보았고, 지리학에서는 산에서 시작하여 평지로 이어지는 모든 지세地勢가 기의 흐름이며 그 흐름을 통해 하늘의 기와 땅의 기가 만나서 인간에게 직접적인 영향을 미친다고 생각했다.

뿐만 아니라 문학에서는 중국의 위진 시기와 한국의 고려 말부터 조선 초까지 문기론文氣論을 가지고 문학작품의 우열은 작자의 기품이 드러난 결과로 설명하기도 하였고, 서예나 회화에서는 남북조 시기 이론가 사혁謝赫이 화론畵論의 여섯 가지 원칙 가운데 '기운생동氣韻生動'을 첫 번째로 꼽은 것처럼 붓을 움직이는 근본 틀이었다. 그런 점에서 본다면 동양의 학문은 대부분 '氣' 개념을 공유하고 있으며 시간을 거슬러 올라가면 '氣' 개념에서 만난다.

기氣는 사실 동양적 사유가 담긴 고유한 개념이다. 서양 연구자들은 과거에 氣에 대한 번역어로 'energy', 'air', 'breath' 같은 단어를 사용했다. 하지만 지금은 'Chi' 또는 'Ki'를 사용한다. 'Chi'는 氣의 중국 발음을 그대로 적은 것이며 'Ki'는 한국과 일본 발음을 적은 것이다. 이러한 변화는 동양의 기를 대체할 서양 단어가 없음을 의미하며 그런 점에서 '기'는 동양만의 독특한 개념임을 알 수 있다.

서양에 기氣를 대체할 개념어가 없는 이유는 무엇일까? 기는 유기체적 세계관을 잘 보여주는 개념이다. 물론 서양에 유기체적 세계관이 없는 것은 아니다. 하지만 유기체적 세계관이 동양의 주류 세계관이었던 것과 달리 서양은 기계론적 세계관이 주류를 이루어 왔다. 신과 인간을 구분하고 인간과 자연을 구분하는 기독교적 세계관이 그 대표이다. 기계론적 세계관은 데카르트·뉴튼적 세계관이라고도 불리며 자연을 수많은 요소들로 나누고 현상이나 현상의 변화 원인을 그 요소들에서 찾는 환원론적 경향을 보인다. 그런 점에서 인과율을 따지는 결정론적 경향을 보이며 변화를 미리 예측해 보기도 한다. 그리고 현상을 분석할 때에도 사물을 정지된 상태에서 국부적으로 보는 경향이 강하다.

그러나 유기체적 세계관은 사물과 사물의 관계, 즉 사물들 사이의 내적이고 유기적인 연관성에 주목한다. 그래서 사물을 독립적으로 놓고 보는 것이 아니라 다른 사물들과 연관해서 보는 관계론적 사고나 전체를 조망하는 전체론적 사고가 주류를 이룬다. 그 결과 서로의 영향 관계를 따지는 상관적 사고와 더불어 사물과 사물의 관계를 대립과 갈등 관계로 보면서도 동시에 서로 보완하고 돕는 관계로 보는 상보적相補的 사고로 나아갔다. 그리고 이러한 관점은 정지된 상태가 아니라 끝없는 변화의 실상을 보려는 경향으로 나타났다.

그렇다면 이번에는 연구의 또 다른 대상인 '똥'에 대해 생각해 보자. 한자문화권에서 똥은 크게 두 가지 글자로 표기된다. 그중 하나는 시屎이고 다른 하나는 분糞으로『說文解字』에서는 "屎는 糞이다"라고 하였다. 그 가운데 먼저 시屎를 살피면 처음에는 시屎 대신 시矢가 쓰였던 것으로 보인다.『左傳』「文公 18年」"말똥 속에 묻었다埋之馬矢之中"는 표현이 그러하다. 그러나 전국시대에 이르면『莊子』「知北遊」에서 보듯 '도道가 어디에 있습니까?'라는 동곽자의 물음에 장자는 "똥오줌 속에 있다在屎尿"고 답하였다. 시屎는 본래 주검을 뜻하는 시尸와 쌀 미米를 합친 것이다. 갑골문 연구에 따르면 시尸는 다리를 구부린 상태로 매장한 모습을 그린 것으로 본래 주검 또는 시체를 뜻한다. 제사를 지낼 때 신위神位 대신 어린 아이를 앉혀놓고 시동尸童이라 부른 것도 그런 의미였다.

하지만 그 뒤 시尸는 사람이 머리口를 들고 등丿을 세운 모습을 형상하여 전체적으로는 엉덩이를 땅에 붙이지 않고 엉거주춤 앉아 용변 보는 자세로 쭈그려 앉은 사람 모습이 되었고 그 아래 쌀 미米와 물 수水를 붙여 똥과 오줌을 뜻하는 글자로 쓴 것이다. 특히 시屎와 뇨尿에는 모두 곡식을 먹어서 똥으로 나오고 물을 먹어서 오줌으로 나온다는 순환론적 사고가 담겨 있다.

두 번째로 분糞을 보자. 분糞에 대해『說文解字』에서는 "분은 버려 없애는 것糞棄除也"이라고 풀었다. 그런 점에서 초기의 분糞은 '더러운 것, 없애 버려야 할 것' 등의 부정적인 의미가 강했다. '삼태기를田 두 손으로 받쳐 들고共 곡식이 변해서 된 쓰레기米, 즉 '똥을 치우는 모습'으로 글자의 자형을 설명하는 것이 그러한 예이며『論語』「公冶長」에서 "썩은 흙으로 만든 담장은 흙손질할 수가 없다糞土之牆不可杇也"고 한 것도 같은 맥락이다. 하지만 다른 한편으로는 춘추시대부터 주산업인 농경에 소, 철제 농기구, 관개灌漑가 쓰이기 시작한 것과 아울러 비료와 거름이 사용되기 시작하면서, 쌀 미米와 다를 이異 자가 결합된 모습 그대로 곡식이 사람 몸속에 들어가 다른 모습으로 나온 것이 '똥'이라는 의미를 갖게 된 것이다. 그리고 그런 관점에서 '분糞'에도 시屎와 뇨尿처럼 순환론적 사고가 담기게 되었다.

이 글은 울산과기원 사이언스 월든의 똥본위화폐 연구 프로젝트에서 똥의 순환과 가치 정립에 대한 인문학적 이론 기반을 마련하기 위한 연구이다. 그 가운데서도 필자는 기철학의 관점에서 자연의 거대한 순환 가운데 하나인 똥이 어떤 의미와 가치를 지니는지를 논할 것이며, 특히 논자의 관점에서 기철학의 가장 완성된 단계라고 판단되는 화담 서경덕의 기철학을 중심으로 똥의 가치와 의미를 논하려 한다.

●
우리 모두 알고 있는 기에 대한 바른 생각

현대인에게 기氣는 매우 낯선 개념이다. 그래서 요즘 사람들에게 기氣가 무엇인지 묻는다면 대부분의 사람들이 설명을 못 한다. 더구나 조선시대 성리학의 주요 개념이었던 '이기론'에 대해서는 고리타분하고 낡은 개념이라 생각할 것이다. 그 이유는 서세동점 이후 동양의 문물만이 아니라 사유체계까지도 서구에 압도당했기 때문이다.

하지만 우리는 사실 기氣가 무엇인지 잘 알고 있다. 다만 생각을 안 해봤을 뿐이다. 우리가 쓰는 언어를 살펴보면 그런 사실을 잘 알 수 있다. 언어는 약속된 개념이다. 언어를 통해 의사소통이 가능한 것은 언어 속에 담긴 개념을 우리 모두가 공유하고 있기 때문이다. 그런 점에서 우리가 일상 사용하는 언어를 통해 기氣에 담긴 사유체계가 무엇인지 살펴보자.

무엇보다도 먼저 만물은 모두 기로 이루어져 있으며 우주 공간을 가득 채우고 있는 것 또한 기라는 사실이다. 사람에게도 기가 들어 있고 자연 속에도 기가 들어있다. 그래서 우리는 사람의 경우 혈기血氣를 말하고 자연에 대해서는 기상氣象 또는 일기日氣를 말한다. 심지어 만물이 다 기로 이루어져 있다는 생각에서 만물 가운데 가장 큰 것에 큰 대大자를 붙여 대기大氣라고 하며, 우주 공간을 가득 채운 것이 기이기 때문에 빈듯하지만 기로 가득 차 있다는 뜻에서 공기空氣라는 말도 쓰는 것이다. 그리고 공기보다 농도가 진한 연기煙氣도 있고, 액화 상태의 증기蒸氣도 있다.

그렇다면 만물은 동일한 기로 이루어진 동일한 존재인가? 그렇지는 않다. 우리는 형제자매를 동기同氣라고 부른다. 그 말 속에는 같은 부모로부터 같은 기를 받아 태어났다는 의미가 담겨 있다. 하지만 형제자매라고 해도 모두 같지 않다. 그래서 사람들의 차이를 기질氣質의 차이로 설명한다. 그러므로 기는 만물의 동질성과 함께 차이를 설명하는 개념이 된다.

그렇다면 기는 객관적으로 존재하는 것인가? 우리는 기를 느낄수 있는 대상으로 생각한다. 그래서 한기寒氣, 열기熱氣, 냉기冷氣, 온기溫氣가 느껴진다고 하며 심지어는 생기生氣와 살기殺氣까지도 느낀다고 한다. 특히 기를 느낀다고 보는 단어의 압권은 감기感氣이다. 감기는 글자 그대로 기를 느꼈다는 표현인데, 내 몸도 기로 이루어진 것이고 내 밖에도 기로 가득 차 있어서 나와 내 밖의 기가 다른 기가 아니라고 생각하다가 어느 순간 오싹해지면서 내 밖의 기를 다른 기처럼 느낀 현상이 감기인 것이다.

그렇다면 기는 어떤 모습으로 존재하는가? 기는 끊임없이 움직이는 모습으로 존재한다. 기는 끝없이 이어지는 생명력의 상징이며 그 움직임이 멈추는 순간 생명력을 잃는다. 바로 이러한 생각을 잘 표현한 말이 '기가 막혀 죽겠다'이다. 이 말 속에는 기는 막힘없는 존재이며 기가 막히는 순간 죽음일 뿐이라는 생각이 잘 담겨 있다. 그밖에 기가 끊어졌음을 의미하는 기절氣絶, 기가 몸 안에서 도는 힘을 뜻하는 기운氣運, 기의 형세 또는 세력을 뜻하는 기세氣勢가 모두 이런 의미를 담고 있으며, '기가 약하다', '기가 꺾였다', '기가 살았다'와 같은 표현도 모두 그러하다.

그렇다면 기의 끝없는 움직임에는 어떤 패턴이 있을까? 기의 움직임은 끊임없이 모였다 흩어졌다 하는 모습으로 나타난다. 모였다 흩어졌다 하는 현상을 기철학자들은 '기의 취산聚散'이라고 표현하였다. 이러한 생각을 담은 오늘날 우리가 쓰는 단어로는 기합氣合, 인기人氣 등이 있다. 기합이란 군대에서 많이 쓰이는 용어로서 군기軍氣가 빠진 또는 흩어진 병사들에게 기를 모아주는 행위이다. 즉 군기가 빠진 병사들에게 자극을 통해 기를 모으게 해주면 마음가짐과 동작이 모두 기합을 받기 전과 완전히 다른 모습을 보인다.

인기人氣라는 단어는 또 어떤가? 우리는 가수나 탤런트를 가리켜 인기를 먹고 산다고 한다. 인기란 사람들이 그에게 보내는 관심을 의미하며, 그 경우 관심을 보낸다는 행위는 곧 기를 보내는 행위가 된다. 따라서 많은 사람의 관심이 모이면 인기가 올라가고 관심이 적어지면 인기가 떨어지는 것이다.

다음으로 기는 모든 만물이 살아가는 근원적인 힘을 뜻한다. 사람의 경우 우리 모두는 낮 동안 기를 쓰며 살아간다. 심지어 행동만이 아니라 말도 기이기에 말투를 어기語氣라고도 했던 것이다. 이렇게 기를 쓰고 하루를 살다가 저녁 무렵이 되면 기진맥진氣盡脈盡해진다. 그렇게 되면 써 버린 기를 다시 보충해야 하는데 그 방법이 바로 먹는 일과 쉬는 일이다. 옛 사람들이 음식을 곡기穀氣라고 한 것은 음식을 통해 우리가 써 버린 기를 다시 채우기 때문이다. 그리고 맹자는 밤 동안에 기를 보존하라는 뜻에서 '존야기存夜氣'라는 표현을 쓰기도 하였다. 이렇게 잘 먹고 잘 쉬면 다시 활기活氣와 기력氣力을 되찾게 되는 것이다.

이제까지의 설명을 보면 기는 마치 물질처럼 보일 수 있다. 하지만 기는 물질적인 것만이 아니라 감정이나 지혜 같은 관념적인 것이나 정신적인 것까지도 모두 포괄하는 개념이다. 예를 들어 기분氣分이 어떤지 묻는다면 이는 몸속에 퍼져 있는 기의 상태가 어떤지를 묻는 것이다. 기분이 좋으면 기가 고루 나뉘어 있는 것이고 기분이 나쁘다면 기가 어딘가 뭉쳐 있는 것이 된다. 그밖에 오만한 기운을 뜻하는 오기傲氣, 성낸 감정인 노기怒氣나 분기憤氣 등도 모두 감정 작용을 기로 설명한 것이다. 그래서 예전 분들은 마음이 불편한 것을 심기心氣가 불편하다고 하였으며, 그 밖에 지혜를 뜻하는 총기聰氣도 있다.

기 개념의 발생과 전개

    '기'가 처음 모습을 보인 것은 중국 고대 국가인 은殷나라에서였다. 은나라의 갑골문과 주周나라 금문金文에 보이는 상형象形이 그것이다.[50] 설문해자에서는 이런 모습을 구름이 피어오르는 것을 표현한 것으로 보고 있으니 구름이나 아지랑이가 피어오르는 것을 대자연이 호흡한다고 보면서 나온 글자일 것이라 생각된다.[51]

    기 개념이 발전된 형태로 나타난 최초의 문헌은 『좌전左傳』이다. 『좌전』에서는 '하늘에 여섯 종류의 기가 있으니 음, 양, 바람, 비, 어둠, 밝음을 말한다'고 하였다.[52] 나중에 음양이 바람, 비, 어둠, 밝음의 나머지 네 개념과 달리 상대적인 모든 개념을 포괄하는 높은 수준으로 추상화된 것을 생각한다면 이 표현은 여섯 요소를 나열한 매우 낮은 단계의 논의에 지나지 않는다. 하지만 좌전은 이 글 뒤에 6기의 변화를 통해 사계절의 변화를 설명하고 아울러 6기가 지나치면 어떠한 질병이 생기는지를 설명함으로써 고대인들이 자연 변화나 질병 같은 복잡한 현상에서 일정한 규칙을 발견하려 하였음을 알 수 있게 한다.

    그 뒤로도 '기'는 오랜 세월을 거치면서 외연이 넓어지고 내포가

---

50 장립문주편,『기의 철학』상권, 김교빈 외 옮김, 1992, 예문지, 63쪽
51 『說文解字』, 제1 上, '雲氣也, 象形.'『說文解字部首訂』'氣之形與雲同, 但析言之則, 山川初出者 爲氣, 升於天者爲雲, 合觀之則, 氣乃雲之散蔓, 雲乃氣之濃數, 說解故以雲氣釋之, 其形疊三爲文者, 氣之上出, 層累而升, 因從積畫而象之'
52 『좌전(左傳)』昭公 元年 '天有六氣,……六氣日陰陽風雨晦明'

깊어지는 과정을 거쳤다. 무엇보다도『주역周易』에서는 모든 변화를 음과 양의 끝없는 순환 변화로 이해하였고,[53]『노자』도 만물을 유무有無 · 미추美醜 · 난이難易 · 장단長短 · 고하高下 · 허실虛實 · 강약强弱 · 위무위爲無爲 · 욕무욕欲無欲 · 자웅雌雄 · 손익損益 등으로 상대화시킴으로써 음양처럼 대립하는 두 개념이 만물의 속성이라고 보았다. 그리고 맹자는 '도덕적 용기'를 뜻하는 '호연지기浩然之氣'를 언급함으로써 기를 존재론의 영역에서 가치론의 영역으로 확장시켰다. 중국 고대철학에서 기철학에 큰 획을 그은 사람은 장자였다. 모든 만물이 기를 지니고 있다는 생각을 바탕으로 만물의 통일성이 기에 있다고 보았으며, 세상의 모든 변화를 기가 모였다 흩어졌다 하는 기의 취산聚散일 뿐이라고 생각하였다. 이러한 생각은 다음 글에 잘 드러나 있다.

> '사람이 태어나는 것은 기가 모인 것이다. 모이면 생겨나고 흩어지면 죽는다. 삶과 죽음이 같은 것임을 안다면 내가 또 무엇을 근심하겠는가? 그러므로 만물은 한 가지이다. 자신이 아름답다고 여기는 것은 새롭고 기이한 것이라고 하고 자신이 싫어하는 것은 냄새 나고 썩었다고 하지만 냄새 나고 썩은 것이 다시 바뀌어 새롭고 기이한 것이 되고 새롭고 기이한 것이 다시 바뀌어 냄새나고 썩은 것이 된다. 그러므로 '천하를 통틀어 하나의 氣일 뿐'이라고 하는 것이니 성인聖人은 그런 까닭에 하나를 귀하게 여긴다.[54]

---

53 『周易』,「繫辭 上」'一陰一陽之謂道'
54 『장자』,「知北遊」'人之生,氣之聚也.,聚則爲生,散則爲死. 若死生爲徒,吾又何患! 故萬物一也,是其所美者爲神奇,其所惡者爲臭腐.,臭腐復化爲神奇,神奇復化爲臭腐. 故曰.. 通天下一氣耳. 聖人故貴一.'

이런 입장에서 장자는 추한 것과 아름다운 것, 쓸모 있음과 쓸모없음, 꿈과 생시, 그리고 삶과 죽음까지도 하나로 보았다. 그래서 부인이 죽었을 때 부인의 시체에 걸터앉아 항아리를 두드리며 노래했던 것이고 기가 모여 태어났다가 흩어져 죽음으로 돌아가는 것은 사계절이 바뀌는 것처럼 자연스러운 현상이라고 보았다.[55] 아울러 道를 변화 자체로 보았던 장자는 만물이 모두 변한다는 입장에서 도道는 어디든 없는 곳이 없으며 심지어 똥오줌에도 道가 있다고 했던 것이다.

전국시대 말에 이르면 기氣 개념은 『관자』를 통해 의학으로도 범주가 확산된다. 『관자』는 「추언樞言」 편에서 '기가 있으면 생겨나고 기가 없어지면 죽는다. 생겨나는 것은 기 때문이다'[56]라고 하여 '기'를 만물 생성 소멸의 근거로 삼았고, 특히 「수지水地」 편을 통해 땅 위에 물이 흘러가듯이 사람 몸에도 무엇인가 흐르는 것이 있다는 생각을 확립함으로써 전통의학의 경락이론을 이끌어내는 역할을 하였다.

더구나 기 개념은 전국시대와 한나라 초기 음양, 오행 이론들과 결합하면서 매우 풍부한 이론으로 발전하였다. 본래 기, 음양, 오행은 모두 각기 다른 사유방식에서 발생한 개념들이었다. 앞서 언급한 것처럼 '기'는 대자연이 호흡한다는 생각에서 구름 피어오르는 모습을 형상화한 것이고, 음양은 햇빛 비치는 양지와 그늘진 음지를 가리키는 말에서 유래하여 서로 모순 대립하는 사물의 두 측면을 지칭하는

---

55 같은 책, 「至樂」'察其始而本无生, 非徒无生也而本无形, 非徒无形也而本无氣. 雜乎芒芴之間, 變而有氣, 氣變而有形, 形變而有生, 今又變而之死, 是相與爲春秋冬夏四時行也.'
56 『관자』, 「樞言」'有氣則生, 無氣則死, 生者以其氣.'

말로 확대되었다. 그리고 오행은 사람들의 삶에 도움이 되는 중요한 다섯 가지 물질에서 시작되었다는 주장과 목성, 화성, 토성, 금성, 수성의 다섯별 관측에서 왔다는 주장, 동서남북 중앙의 다섯 방위에서 시작되었다는 주장 등이 있지만 단순한 다섯 요소가 아니라 다섯 가지 기능과 속성의 의미로 전개되면서 상생 상극의 관계론으로 발전해왔다. 특히 기 개념을 매개로 음양설과 오행설이 만나서 추상화 단계가 한층 높아졌고 그 결과 음양오행설은 사물과 사물을 관계 짓는 인식 틀로 자리 잡으면서 현상이나 사태를 해석하는 이론이 되었다. 특히 한나라 때 동중서董仲舒와 『회남자淮南子』의 영향을 받으면서 이론 구조를 확립한 전통의학에서 음양오행론은 병리와 그에 대응한 치료를 위한 조화와 조절의 이론으로 자리 잡았다.

기철학이 한 단계 발전한 상태로 자리매김한 것은 송대 성리학에 이르러서이다. 특히 초기 기철학의 확립에 전국시대 장자가 큰 역할을 했다면 두 번째 큰 역할을 한 사람은 송나라의 장횡거였다. 장횡거는 다른 성리학자들이 만물의 본질로 태극을 내세운 것과 달리 태허太虛를 내세우면서 '태허의 형체 없음이 기의 본 모습이며, 모였다 흩어졌다 하는 것은 변화의 겉모습 일 뿐'[57]이라고 하였다. 그리고 태허의 텅 빈 모습이 아무것도 없는 것처럼 보이지만 실은 氣로 가득 차 있는 것이라서 '허虛니 공空이니 하는 것이 곧 기氣라는 사실을 안다면 아무것도 없다고 할 수 있는 것은 없다'[58]고 하였다. 이러한 장횡거의 언급

---

57 「正蒙」'太虛無形 氣之本體 其聚其散 變化之客形爾'

은 우주 공간이 한 치의 빈틈도 없이 기로 가득 차 있다고 보는 천문학의 관점을 토대로 허虛를 말하는 노장철학이나 공空을 말하는 불교를 비판한 것이다. 또한 장횡거는 장자의 사고를 이어받아 태허 – 만물 – 태허의 순환을 언급하였는데 이러한 사고는 다음의 인용문에 잘 드러나 있다.

> 태허에는 기가 없을 수 없고 기는 모여서 만물이 되지 않을 수 없고 만물은 흩어져서 태허가 되지 않을 수 없다. 이것을 따라서 나가고 들어오는 것은 모두 어쩔 수 없어서 그런 것이다.[59]

이 말에 따르면 태허를 가득 채운 기가 모여 만물이 되고 그 만물이 흩어져 다시 태허로 돌아가며 그 과정은 '기가 없을 수 없고不能無', '기는 모이거나 흩어지지 않을 수 없고不能不', 이런 과정이 모두 '어쩔 수 없는不得已' 필연의 과정으로 파악된다. 그리고 태허를 가득 채운 기나 모여서 만물이 된 기가 모두 한 가지이므로 모여서 생명체를 이룬 내 몸의 기와 죽음에 이르러 흩어져 태허로 돌아간 기가 같다는 생각은 죽음과 삶이 하나라는 생각으로 나아갔으며 아울러 태허의 기가 모여 만들어진 만물 각각도 모두 같은 존재라는 생각을 만들어 냈다. 이런 생각들이 다음 언급에 잘 담겨 있다.

---

58 같은 책 '知虛空卽氣則無無'
59 같은 책 '太虛不能無氣 氣不能不聚而爲萬物 萬物不能不散而爲太虛 循是出入 是皆不得已而然也'

'모여도 내 몸이고 흩어져도 내 몸이니 죽음이 끝이 아님을 안다면 그런 사람과 함께 성性이 무엇인지를 말할 수 있다.'[60]

'모든 사람이 내 동포이고 만물이 내 벗이다.'[61]

'살아서는 내 할 일을 따르고 죽어서는 편안하다.'[62]

이러한 장횡거의 생각은 성리학을 집대성한 주희의 생각에 많은 영향을 미쳤다. 하지만 理를 중심으로 사고하는 성리학에서 기는 리보다 한 차원 낮은 개념으로 사물이 사라지면 그 사물을 이루고 있던 기도 없어진다고 봄으로써, 처음부터 있었던 것이 아니라 생겨난 존재이고 영원히 있는 것이 아니라 그 기가 구성한 존재의 소멸과 함께 소멸하는 특수 존재이며, 도덕적으로는 악의 근원이 됨으로써, 理 개념의 하위개념이 되고 말았다.

60 같은 책, '聚亦吾體 散亦吾體 知死之不已者 可與言性矣'
61 같은 책, '民吾同胞 物吾與也'
62 같은 책, '存吾順事 沒吾寧也'

서화담의 기철학과 화담학파

앞에서 본 장자와 장횡거의 사상을 받아들여 독창적인 학설을 통해 한국 기철학을 정립한 사람이 화담 서경덕이다. 그의 철학은 나물 캐러 나갔다가 하루 종일 종달새의 움직임을 보느라고 빈 바구니로 돌아왔다는 일화처럼 철저하게 가치론적 접근이 아니라 존재론적 접근이었다. 당시 개념으로는 성리학자이겠지만 오늘날 개념으로는 물리학자에 가깝다. 서경덕이 죽음을 앞두고 심정이 어떤지를 묻는 제자에게 죽고 사는 이치를 안 지가 오래여서 마음 편하다고 답했던 것처럼,[63] 서경덕의 마음을 편하게 했던 철학이 바로 그의 기에 대한 이해였던 것이다.

서경덕은 '태허가 곧 기太虛卽氣'라고 보았던 장횡거와 달리 '태허는 빈 듯하면서도 비어있지 않으니 그 빈 듯한 것이 곧 기'[64]라는 입장에서 '허虛가 곧 기卽氣이다'라고 하였다. 그리고 '밖이 없는 것을 태허라고 하고 시작이 없는 것을 기라고 한다'[65]고 구분한 데서 드러나듯이 태허와 기가 모두 초월적인 존재이지만 태허에는 공간 개념이 담겨있고, 기에는 시간 개념이 담겨 있다고 본 것이다. 그런 점에서 장횡거가 태허를 기라고 한 것과 달리 태허라는 우주 공간에 아무 것도 없는

---

63 서경덕, 『화담집』, 「연보」, '先生意思如何 死生之理 知之久矣 意思安矣'
64 같은 책, 「太虛說」, '太虛 虛而不虛 虛卽氣'
65 같은 책, 「理氣說」, '無外日太虛 無始者日氣'

것처럼 보이는 텅 빈 상태를 기라고 했다.

서경덕은 맑아서 아무런 형체도 없는 기가 태허를 가득 채운 상태를 선천先天이라고 하였고,[66] 그 상태의 기는 근원으로서의 기이기 때문에 음양 동정으로 드러나는 현상 세계인 후천後天의 기와 구분하여 일기一氣라고 불렀다. 하지만 현상 이전의 선천과 현상 세계인 후천이 모두 氣 하나로 일관되기 때문에 유기론唯氣論이라고 할 수 있다.

또한 기는 시간 제약이 없는 존재로서 어딘가에서 생겨나는 것도 아니며 없어지는 것도 아닌 무시무종無始無終의 존재이며, 우리가 사는 현실에서의 만물의 변화는 기가 모였다 흩어졌다 하는 취산聚散일 뿐이다. 그런 입장에서 서경덕은 '빈 듯하면서 아무런 움직임도 없는 것이 기의 본체이며 모였다 흩어졌다 하는 것은 기의 작용이다'[67]라고 하였고, '죽음과 삶, 사람과 귀신은 모두 기가 모였다 흩어졌다 하는 것일 뿐이니 모였다 흩어졌다 하는 것은 있으되 있다거나 없다거나 하는 것은 없다.'[68]고 하였다. 이처럼 기의 취산으로 만물의 변화를 설명하고 기의 영원성을 인정한 것은 장자와 장횡거의 사상을 계승한 것이다.

그렇다면 기가 모였다 흩어졌다 하는 취산의 원리는 무엇인가? 서경덕은 그 원리를 기자이機自爾라는 말로 표현하였다. '기자이'는 서경덕이 만든 독창적인 표현으로서 뒤에 율곡 이이가 이어받아 사용한

---

66 같은 책, 「原理氣」, '太虛 湛然無形 號之曰先天'
67 같은 책, 「太虛說」, '虛靜卽氣之體, 聚散其用也'
68 같은 책, 「鬼神死生說」, '死生人鬼只是氣之聚散而已, 有聚散而無有無'

개념이며, '그때가 되면 그렇게 드러나는 시간적 계기'를 뜻한다. 그러 니까 바람 불 때 되면 바람 불고, 비 올 때 되면 비 오고, 꽃 필 때 되면 꽃 피고, 배고플 때 되면 배고파 오는 것과 같은 모든 변화를 의미한다. 이것은 구체적인 순간순간을 통해 시간적 제약 없이 끝없 이 이어지는 변화 자체로 그 모습을 드러내는 기의 존재 양식인 셈이 다. 이러한 변화에 대해 서경덕은 '갑자기 뛰어오르고 문득 열리는 일들은 누가 시키는 것인가? 스스로 그럴 뿐이고 어쩔 수 없어서 그럴 뿐이다'[69]라고 하였다. '갑자기 뛰어오르고 문득 열린다'는 표현은 한 순간도 쉼 없이 움직이는 자연의 모든 변화 현상을 표현한 것이며, 그러한 변화가 현상 밖에 있는 신 같은 존재자에 의해 일어나는 것이 아니라 현상 속에 담긴 기 자체의 힘에 의해 그런 것임을 밝힌 것이다. 특히 이러한 생각은 앞서 장횡거가 만물의 변화를 필연으로 보았던 것과 달리 필연의 변화와 함께 기 안에 스스로 변화를 이끌어가는 능동성이 들어있음을 인정한 것이다. 이 또한 서경덕 기철학의 독창 적 측면이라 하겠다.

서경덕은 지금까지 언급한 것처럼 세계를 기로 이해하고 모든 변 화를 기의 취산으로 설명한 철학자이다. 하지만 그 모든 변화는 무질 서가 아니라 그 때가 되면 저절로 일어나는 질서정연한 변화였다. 따 라서 기의 질서는 수의 질서로 환원될 수 있고, 수의 질서는 소리의 질서로 환원될 수 있다고 보았다. 이것이 서경덕의 기수론氣數論이며

---

69 같은 책, 「原理氣」, '倏爾躍 忽爾闢 孰使之乎 自能爾也 亦自不得不爾也'

성음론聲音論이다. 서경덕은 이 두 가지 모두 소강절의 『황극경세서皇極經世書』의 영향을 받았다. 『황극경세서』는 조선에 성리대전性理大全 통해 전해져 훈민정음 창제와 후대 음성학 발전에 많은 기여를 한 책이다.

소강절은 『황극경세서』 1권에서 12와 30을 기본으로 삼아 12단위 시간이 모여 하루가 되고 하루가 30개 모여 한 달이 되며, 한 달이 12개 모여 1년이 되고 1년이 30개 모여 한 세대가 되는 것처럼 우주의 시작부터 모든 변화를 역사적 시간론으로 설명하였다. 그리고 서경덕은 소강절의 생각을 이어받아 「황극경세수해皇極經世數解」를 씀으로써 역사적 시간론을 수학적 질서로 설명하였다.

그리고 소강절이 『황극경세서』 2권에서 만물과 소리의 관계를 논한 성음창화聲音唱和에 대한 설명을 이어받아 「성음해聲音解」를 씀으로써 하늘의 수와 땅의 수를 기본으로 현실에서는 289,816,576개의 성음聲音이 존재한다고 하였다. 바로 이러한 작업이 만물은 모두 각각의 타고난 기의 분수에 따른 운동을 통해 존재하며 그 기의 운동은 무질서가 아닌 기의 질서이고 그 기의 질서가 다시 수의 질서와 소리의 질서로 환원될 수 있다는 생각을 보여주려 한 것이다.

서경덕과 그 제자들의 이러한 학풍은 다른 한편으로 당시 조선 사회의 주류였던 송시풍宋詩風의 유행을 밀어내고 당시풍唐詩風의 유행을 가져왔다. 송시풍은 송나라의 주류 학문이었던 성리학이 도덕과 관념성을 강조한 것과 같이 관념적이고 이지적인 시풍이다. 그러나 이를 밀어낸 당시풍은 시의 흥취와 함께 정감적이고 낭만적인 경향이 강하며, 민중들의 어려운 삶을 공감하고 그들의 질박한 삶에서 소재

종교와 똥, 뒷간의 미학

를 가져왔다. 서경덕의 제자 박순朴淳과 박순의 제자로 최경창崔慶昌, 백광훈白光勳과 함께 삼당시인三唐詩人이라 불린 이달李達 등이 그러한 당시풍을 주도한 대표적인 인물이다. 이러한 경향은 성음을 강조함으로써 소리의 질서를 구현하려 했던 화담학파의 경향과 무관하지 않다. 성음은 낭송을 통해 실현되는 것이며 낭송은 음률音律과 성률聲律에 따른 화해和諧의 아름다움으로 완성된다. 바로 여기에 적합한 것이 당시풍唐詩風이었던 것이며 그러한 성음의 미학은 기를 통해 만물이 어우러지는 물아일체物我一體 미학의 구현이었다. 특히 기의 취산을 통해 만물이 변하는 후천세계보다도 만물이 하나로 녹아든 담일청허湛一淸虛한 태일太一의 선천 세계가 화담이 꿈꾼 대화해大和諧의 세상이었을 것이다.

　서경덕의 학문은 화담학파의 또 다른 특징인 개방성. 자유성, 평등성으로 나타났다. 화담학파는 서경덕의 근거지가 개성이었기 때문에 문인록文人錄에 기록된 제자들을 중심으로 그들의 활동 범위로 보면 서울과 고양, 양평, 개성 등의 경기북부와 일부 충청도에 걸쳐 있다. 대표적인 제자 박순과 허엽이 각기 동인과 서인의 영수가 된 것도 학파의 결속이 느슨한 개방성의 발현으로 볼 수도 있을 것이다. 그러나 가장 큰 개방성은 다양한 학문의 수용으로 나타났으며 그 대표적인 예가 양명학의 수용이다. 양명학은 남언경南彦經, 홍인우洪仁祐, 허균許筠 등에 의해 받아들여졌고 남언경의 아들 남격南格이 최명길과 장유에게 양명학을 가르침으로써 한국 양명학을 가능하게 하였다. 이업동도異業同道를 내세운 양명학의 개방성, 자유성, 평등성이 화담학파의 개방성, 자유성, 평등성과 잘 어울린 결과라고 하겠다.

화담학파의 개방성. 자유성, 평등성은 제자들의 구성에도 잘 드러나 있다. 문인록에 기록된 24명의 제자와 기록 안 된 제자들까지 살펴보면 관직이 영의정에 이른 양반 계층부터 사회의 최하층이었던 노비까지 다양한 출신으로 구성되어 있다. 구체적으로 보면 박순, 허엽, 박민헌처럼 고위직에 오른 양반 출신도 있고 이구李球 같은 왕족도 있으며, 이중호, 김근공, 박지화, 박순의 제자 이달李達 같은 서자 출신도 있다. 더구나 공주 등지에 살면서 학문과 교육에 힘썼던 서기徐起는 노비였고, 박순과 남언경의 제자로 중인 등 다양한 계층의 사람들을 모아 시 모임을 만들어 좌주 역할을 했던 유희경劉希慶은 천민이었다. 이처럼 화담학파는 신분에 대해 개방적이어서 주류 사회에서 소외된 인물도 아무 거리낌 없이 받아들였던 것이다. 서경덕, 박지화, 서기, 이지함 등이 모두 민중사회의 영웅 설화로 남은 것은 그만큼 그들의 삶이 양반 기득권의 삶과 거리가 있는 민중의 삶이었기 때문이다.

●
기철학의 특징과 똥

그렇다면 '똥본위화폐' 프로젝트는 기철학에서 어떤 인문학적 시사점을 얻을 것인가. 첫째는 기의 순환적 사고로부터 얻는 교훈이다. 장자가 도 − 기 − 만물 − 기 − 도의 순환을 말했다면, 장횡거는 태허 − 만물 − 태허의 순환을 말했고, 서경덕은 태허의 일기-氣 – 만물 – 태허의 일기-氣를 말했다. 그리고 그 구체적인 과정은 기의 취산으로 이루어진다. 똥 또한 1절에서 글자의 구성을 살핀 것처럼 쌀米이 달라진 것異이 똥糞이며, 쌀米을 먹고 배설한 것이 똥屎이었다. 순환적 사고에서는 똥이든 쌀이든 모든 사물이 순환 과정에서 벗어날 수 없으며 삶과 죽음도 변화의 한 모습에 불과하다. 사람이 쓰다 버린 플라스틱이 바다를 오염시키고 물고기가 플라스틱을 먹고 다시 그 물고기가 사람의 밥상에 올라오는 순환처럼 내 몸을 이룬 물이 죽음과 함께 빠져나가 풀을 적시고 그 풀을 소가 먹고 그 소를 다른 사람이 먹는 것도 모두 순환의 모습일 뿐이다.

환경론자들이 음식물 찌꺼기를 지렁이에게 주고 지렁이가 먹고 배설한 똥을 화분에 거름으로 쓰는 순환처럼 사람의 똥 또한 순환의 틀 속에 넣어 되살리는 작업은 존재론적 가치의 복원일 뿐이다. 사실 50~60년 전까지도 한국사회에서는 식탁에 올라 온 먹거리를 먹고 배설하면 그 배설물을 재나 풀과 섞어 거름으로 만들고 그 거름으로 키워낸 먹거리가 다시 상에 올라오는 순환 과정을 당연시하였다. 그런 점에서 그러한 순환이 사물에 내재한 어쩔 수 없는 필연적 속성의 결과인 동시에 그러한 순환 변화를 이끌어낼 능동적인 힘 또한 모든 사물에 들어 있다고 본 서경덕의 생각은 매우 의미 있다고 생각된다. 기에 내재한 능연能然과 필연必然의 이중적 속성이 바로 모든 사물의 존재 가치인 것이다.

다음으로 얻을 수 있는 시사점은 만물 평등의 관점이다. 장자는 감각과 지식과 행위의 절대화를 모두 부정하고 꿈과 생시, 쓸모 있음과 쓸모없음, 삶과 죽음을 포함한 모든 것을 상대화시킴으로써 만물이 평등하다는 생각을 끌어냈다. 이러한 생각을 잘 담고 있는 것이 장자의「제물론齊物論」이다. 또한 장횡거도 만물이 기로 이루어져 있고 기의 취산을 통해 태허와 만물의 순환 과정을 반복한다는 점에서 만물은 평등하다는 생각을 전개하였다. 그리고 서경덕은 그러한 생각의 완성만이 아니라 실천으로 나아갔다. 서경덕은 김안국金安國에게 부채를 선물 받고 화답해 보낸 시에서 '초가집 으리으리한 집 가리지 않고, 시원한 맑은 바람 곳곳마다 불어주네. 덕은 조화로워서 만물을 도움에 검은 것 흰 것 구분이 없고, 도는 위대하여 사람 따라 모였다 흩어졌다 하네.'[70]라고 함으로써 기로 이루어진 만물의 세계에서는 가난한 집이나 부자 집이나, 흰 것이나 검은 것이나 모두 같다고 보았다. 특히 서경덕과 그 제자들은 이러한 생각을 바탕으로 신분적 구분이 분명하던 조선사회에서 서얼과 천민과 노비까지도 구분 없이 제자로 받아들였다.

똥본위 프로젝트의 성공 여부는 똥을 더럽다고 보는 인식의 전환에서 시작해야 한다. 사실 사람들은 똥을 배설하기 전까지 자신의 몸 안에 담고 있었으면서도 밖으로 내보내는 순간 더럽고 불결한 것으로 보기 시작한다. 내 몸에서 분리되는 순간 나와 상관없는 것으로 보는 사고는 만물을 연관이 아니라 단절로 이해하는 기계론적인 사고이다.

---

70 같은 책, 「謝金相國惠扇二首」'不擇茅齋與廟堂。淸風隨處解吹長。德和濟物兼玄白。道大從人聽翕張.'

하지만 전통사회에서는 똥의 종류도 다양하며 그 용도 또한 여러 가지였다. "개똥도 약에 쓰려면 없다"는 속담처럼 개똥이 약이 되기도 했으며 실제 동의보감에는 개똥을 약으로 쓰는 용례들이 등장한다. 앞서 언급한 지렁이 똥은 화분의 비료로 쓰이고, 닭똥은 고추 농사의 중요한 거름이 되며, 유목민들이 기르는 야크의 똥 또한 귀한 연료가 된다. 그리고 우리의 생활 습관이 달라진 것일 뿐 몇십 년 전까지 대다수 농촌이 거름으로 사용했고 지금도 유기농 농가 일부에서는 사람의 똥오줌을 먹거리 생산의 소중한 거름으로 쓰고 있다. 따라서 만물은 각각의 용도가 있으며 똥 또한 그런 용례를 벗어나지 않는다는 생각을 확산할 필요가 있다.

마지막으로 기철학에서 얻을 수 있는 시사점은 만물일체론이다. 장자는 만물을 상대화시킴으로써 만물이 하나라는 생각으로 나아갔고 그래서 '천하를 통틀어 하나의 氣일 뿐'이라고 하였다. 장횡거 또한 현실의 다양한 사물들이 태허에서 다시 하나로 만난다고 봄으로써 '모든 사람이 내 동포이고 만물이 내 벗'이라고 했던 것이다. 그리고 서경덕은 세상 만물이 태허의 근원 기인 일기-氣로 돌아간다는 생각과 함께 만물은 기의 질서 속에 있고 기의 질서는 수의 질서로 환원되며 수의 질서는 모든 성음이 어우러지는 것처럼 소리의 질서로 환원된다고 봄으로써 만물이 대자연의 하모니로 어우러지는 대화해大和諧의 세상을 꿈꿨다. 신분 차별 없는 대동세상이 현실의 대화해였던 것이다.

만물일체론은 똥본위 프로젝트의 뿌리가 되어야 한다. 이 프로젝트가 똥을 순환론적 생태론으로 이해하는 것에서 한 걸음 더 나아가 현대사회의 소득불균형과 인간 소외, 세대 갈등, 학점과 학위에 따른 교육 격차 등의 문제 해결을 목표로 삼는다면 인간과 인간, 인간과 자연의 분리와 투쟁이 아니라 공감하고 소통하는 감통感通의 세계관으로의 전환을 통해 상생하지 않으면 불가능하다. 특히 예술을 통한 어우러짐과 기본소득을 포함한 똥본위화폐에 기반한 경제공동체의 구축은 배제가 아니라 환대에서 가능하며 남을 남이 아니라 나 자신으로 인식하는 공감을 통해서만이 진정한 배려가 가능하기 때문이다. 이러한 인식의 전환은 지적인 이해나 관념적 동의를 넘어서서 체험으로 참여함으로써 가능할 것이라 판단된다.

참고문헌

『左傳』

『주역』

『도덕경』

『장자』

『管子』

『회남자』

董仲舒,『春秋繁露』

『황제내경』

許愼,『說文解字』

邵雍,『황극경세서(皇極經世書)』

張載,『正蒙』

徐敬德,『화담집』

김교빈, 박석준 외 (2003).『동양철학과 한의학』, 서울: 아카넷.

장립문 주편(1992).『기의 철학』, 김교빈 외 옮김, 서울: 예문지.

劉長林, (2009).『강설 황제내경』, 조남호, 정우진, 김교빈, 성근제 옮김 , 서울: 청홍
    출판사.

하야시 하지메 (1996).『동양의학은 서 양과학을 뒤엎을 것인가』, 한국철학사상
    연구회 기철학분과와 동의과학연구소 옮김, 서울: 보광재.

정결은 신앙의 절반: 이슬람과 똥

박현도(서강대학교 유로메나연구소 대우교수)

5

정결은 신앙의 절반: 이슬람과 똥

●

똥본위화폐 프로젝트

　　울산과기원UNIST 사이언스월든센터는 똥을 눈다는 것을 살아 있다는 증거이자, 가치를 만드는 행위로 여긴다. 더 나아가 하루 한 사람이 누는 똥을 물로 처리하지 않고 바이오에너지와 비료로 만들 때 발생하는 가치를 10꿀로 삼는 똥본위화폐를 고안하여 타인과 착한 가치를 나누는 실험을 진행 중이다. 똥본위화폐는 기존 화폐가 지닌 가치 기준을 넘어 가치의 중심에 인간을 두고, 인간을 인간 본연의 가치로 되돌려 주는 능력을 지닌 화폐로, 새로운 가치 기준을 지닌 대안화폐 프로젝트다(조재원, 2021).

　　똥을 친환경적으로 처리하면 물을 아끼고 에너지를 만들 수 있기에 환경 의식과 윤리 의식을 높일 수 있다. 똥 바이오에너지를 보는 시각이 바뀌면 경제와 정책으로 관심이 이어져 똥본위화폐는 사회적 가치를 더한다(조재원, 2021). 똥본위화폐는 화장실, 똥 에너지 생산시설, 똥 바이오에너지 이송 배관, 똥 바이오 가스를 이용한 전기 발전시설, 똥 바이오 에너지를 연료로 쓰는 마을버스, 똥 에너지를 이용하는 식당, 똥과 오줌으로 만든 퇴비와 액비로 농사를 짓는 농토 등 새로운 차원의 자본을 만든다(조재원, 2021).

똥을 돈으로 만든 울산과기원 사이언스월든센터의 똥본위화폐는 항상 더러운 것으로 취급되며 각종 제한을 받아 온 똥을 현대 자본주의 사회에서 가장 사랑받는 돈으로 만들었다. 냄새나고 모두 거부하는 똥이 환영받는 돈으로 신분 세탁을 한 것이다. 그렇다면 대안화폐로 새로운 가치를 만드는 똥이 정淨과 부정不淨의 이분법으로 똥을 설명하는 이슬람교에서도 인식의 전환을 불러올 수 있을까? 정결하기만 해도 신앙생활의 반은 했다고 여기는 이슬람 신앙 전통에서도 자연발효 생태화장실은 가능하다. 똥본위화폐는 생태화장실이 아니라 대안화폐 프로젝트이지만, 똥과 똥 바이오에너지 인식이 바뀌면 경제와 정책에 관심을 보여 사회적 가치를 더한다. 이와 마찬가지로 이슬람에서도 물로 똥을 처리하지 않아 물도 아끼고, 환경도 보호하면서, 바이오에너지와 양질의 퇴비 만드는 자연발효 생태화장실이 가능하기에 똥 인식 전환이 이루어질 가능성이 전혀 없지는 않을 것이다. 이 글은 이슬람의 전통적인 똥 인식을 살피면서 이슬람교에서 똥을 친환경적 생태에너지로 전환할 수 있을지 논의하고자 한다.

이슬람의 정결淨潔 개념

정淨과 부정不淨의 이분법

이슬람 신앙 전통에서 정결례淨潔體는 대단히 중요하다. 이슬람의 경전 꾸르안Qur'an에 따르면, 알라(이슬람의 하나님 이름)가 회개하는 사람과 더불어 "정결한 사람을 좋아하신다(2장 222절, 9장 108절)"고 말한다. 또 "정결은 신앙의 절반Al-Tuhur shatr al-Iman"(Ibn al-Hajjaj, 2007: 354, n.534)이라는 전승이 있을 정도로 정淨과 부정不淨의 이분법적 사유를 법으로 확립한 이슬람 전통은 부정한 상태에서 벗어나기 위한 세정의 방법도 세세하게 규정한다.

이슬람법은 정결하지 못한 것을 피, 오줌, 똥처럼 본질적으로 불결하여 세정이 불가능한 것ayn najis '과 이를 접촉하여 더러워진 상태가 된 것najasah으로 나눈다. 더러움에서 벗어나려면 반드시 정결례taharah를 행해야 한다. 똥은 본질적으로 더럽기에 똥 자체는 씻어도 깨끗해질 수 없지만, 똥을 만진 사람은 씻으면 더러움에서 벗어날 수 있다.

본질적으로 불결한 것은 다음과 같이 분류하는데, 각 법학파가 서로 다르게 해석하기도 한다(Mughniyya, 2001). 여기서는 하나피Hanafi, 말리키Maliki, 샤피이Shafi'i, 한발리Hanbali 등 순니 4법학파와 시아파인 자으파리Ja'fari 법학파의 의견을 정리한다.

- *개: 개는 더러운 동물이다. 개와 관련된 것은 당연히 불결하다.*

단, 말리키 법학파는 개가 핥은 그릇은 불결해서가 아니라 법의 명령이기에 7번 씻는다. 샤피이 법학파와 한발리 법학파는 7번을 씻되, 7번 중 한 번은 흙으로 씻어야 한다. 자으파리 법학파는 한 번은 흙으로, 두 번은 물로 씻는다.

- 돼지: 돼지는 불결한 동물이다. 자으파리 법학파는 돼지를 접촉하면 물로 7번 씻어야 한다고 규정한다.
- 사체(mayta): 육상 동물의 사체는 모두 불결하다. 순니의 경우 하나피 법학파만 제외하고 나머지 세 법학파는 인간의 시체를 불결하게 보지 않는다. 하나피 법학파는 시체를 씻겨야 불결하게 여기지 않는다. 시아파인 자으파리 법학파 역시 시체는 씻기면 불결하지 않지만, 무슬림 시체일 경우에만 그러하다. 비무슬림은 살아서나 죽어서나 모두 불결하다.
- 피: 순니 법학파는 모두 피를 불결하게 본다. 단, 순교자의 피, 도살한 동물의 몸에 있는 피, 생선이나 벌레의 피는 예외다. 시아파 자으파리 법학파는 모든 피를 다 불결하게 여긴다.
- 정액: 말리키 법학파, 하나피 법학파, 자으파리 법학파는 인간과 동물의 정액을 모두 불결하게 여긴다. 단, 자으파리 법학파는 피가 밖으로 나오지 않은 동물의 정액과 피를 모두 깨끗하다고 간주한다. 샤피이 법학파는 인간 및 개와 돼지를 제외한 모든 동물의 정액을 정결하게 여긴다. 한발리 법학파는 인간과 식용 동물의 정액만 정결하게 여기고 그 외 동물의 정액은 불결하게 본다.
- 고름: 순니 법학파는 고름을 불결하게 여기지만, 시아파 자으파리 법학파는 깨끗한 것으로 간주한다.
- 인간의 오줌과 똥: 모든 법학파가 불결하게 여긴다.
- 동물의 배설물: 모든 법학파가 인간의 배설물을 먹는 동물의 배설물을 불결하게 보는 점에서는 같으나 그 밖의 경우는 법학파마다

의견이 서로 다르다. 이는 아래 III장에서 다룬다.

- *술:* 모든 법학파가 예외 없이 불결하게 여긴다. 자으파리 법학파는 술이 외부 조건에 따라 말랐어도 불결하다고 판단한다.
- *구토물:* 시아파 자으파리 법학파만 제외하고 순니 법학파는 모두 구토물을 불결하게 여긴다.
- *마디madhy와 와디wadhy:* 마디는 성적으로 흥분되었을 경우 나오는 쿠퍼Cooper 액이고, 와디는 성적으로 절정에 이르러 정액이 나온 후 나오는 액으로 소변을 볼 때 나오는 하얀 액이다. 구토물의 경우와 마찬가지로, 자으파리 법학파는 이 둘 모두 정결하게 여긴다. 그러나 하나피 법학파, 말리키 법학파, 샤피이 법학파는 둘 다 불결하다고 간주한다. 한발리 법학파는 식용 동물의 마디와 와디는 정결하나, 식용할 수 없는 동물의 마디와 와디는 불결하다고 본다.
- *땀:* 시아파 자으파리 법학파는 자위, 간통, 항문성교, 수간 등 불법적인 성행위를 한 사람이 흘린 땀은 불결하게 여긴다.
- *남은 음식:* 하나피 법학파, 샤피이 법학파, 한발리 법학파는 개와 돼지가 먹고 남긴 음식은 불결하게 여긴다. 한발리 법학파는 고양이나, 고양이보다 작은 쥐나 족제비 같은 동물을 제외하고 먹을 수 없는 동물이 먹다 남긴 물로 정결례를 행할 수 없다고 규정하지만, 말리키 법학파는 개와 돼지가 먹다 남긴 물은 깨끗하여 마시거나 정결례에 사용할 수 있다고 여긴다. 하나피 법학파는 술을 마신 사람이 먹다 남긴 음식, 쥐를 방금 잡아먹은 고양이가 먹다 남긴 음식, 늑대, 사자, 표범, 레오파드, 여우, 하이에나가 먹다 남긴 음식은 더럽다고 규정한다. 자으파리 법학파는 개와 돼지처럼 불결한 동물이 남긴 음식은 불결하나, 불결하지 않은 동물이 남긴 음식은 깨끗하다고 보고, 식용이나 불식용 동물에 따라 정결과 불결을 구분하지 않는다.

하다스al-hadath와 나자스al-najas

위에 열거한 불결한 대상을 접촉하면 의례적으로 불결한 상태가 된다. 불결함은 하다스al-hadath와 나자스al-najas로 분류한다. 하다스는 몸에서 나오는 것 때문에, 나자스는 외부의 영향으로 오염된 것을 가리킨다. 하다스와 달리 나자스는 더러운 것이 묻어 불결한 상태다. 예를 들어 오줌 묻은 옷이 그러하다. 최대한 오염원에 접촉하지 않도록 노력해야 한다. 오염되면 오염원을 제거하여 정결한 상태로 돌릴 수 있다.

하다스는 다시 큰 하다스al-hadath al-akbar, major impurity와 작은 하다스 al-hadath al-asghar, minor impurity로 나눈다. 큰 하다스는 정액, 성교, 여성의 성액性液, 월경, 출산 출혈로 더러워진 상태이고, 작은 하다스는 똥, 오줌, 방귀, 마디, 와디에 따라 불결한 경우다. 기절 또는 수면 상태는 우리가 의식을 조정할 능력이 없기에 나도 모르게 더러운 것에 오염될 수 있는 상태다.

이슬람은 성을 긍정적으로 보고 부부간 사랑을 권장하기에 성행위 자체를 부정적으로 보거나 죄의식을 가져야 한다고 여기지 않는다. 다만, 신체적으로 부정한 상태라면 예배를 할 수 없기에 반드시 정결례를 행하여야 한다. 샤피이 법학파와 한발리 법학파는 남녀 간 신체적 접촉을 작은 하다스로 간주하지만, 말리키 법학파는 성적인 접촉만이 하다스라고 한다. 반면 하나피 법학파는 성행위 외의 남녀 간 신체적 접촉이 하다스를 불러일으키지는 않는다고 본다. 모든 법학파가 하다스로 더러워진 상태에 놓인 사람이 다른 사람에게 불결함을 전파하지는 않는다고 본다(Hallaq, 2009: 228-229; Gauvain, 2005: 340).

큰 하다스든 작은 하다스든 불결한 상태라면 정결례를 반드시 행해야 한다. 큰 하다스의 경우 먼저 정결해지겠다는 마음의 의지niyyah를 다진다. 정결례로 무슬림은 영적으로나 육체적으로 순결해진다. 그러나 무슬림 자신이 신앙인으로서 깨끗해지겠다는 마음의 의지가 없다면 세세한 정결례는 아무런 소용이 없다. 깨끗한 사람이 되겠다는 의도와 함께 정결한 상태로 들어가는데, 신앙 행위를 잘하겠다는 의향을 지녀야 한다. 이때 "알라시여, 저를 저주받은 사탄으로부터 구하소서A'udhu billahi min ash-Shaytan ir-rajim"라고 기도하기도 한다. 큰 하다스는 몸 전체를 물로 씻는 대정례大淨禮를 해야 한다. 대정례를 구슬ghusl이라고 부른다.

작은 하다스 역시 마음의 의지를 다진 후 소정례小淨禮를 해야 한다. 소정례는 우두wudu'라고 하는데, 머리, 얼굴, 팔꿈치, 상박, 손, 발목, 발을 물로 닦는다. 예배 전에 반드시 행해야 하는 세정례다. 그런데 큰 하다스 상태에 있는 사람이 예배에 참여하려면, 반드시 구슬을 한 후 다시 우두를 해야 한다. 물이 없으면 흙이나 모래를 사용하여 정결례를 행하는데 이를 타얌뭄tayammum이라고 한다.

물은 정화를 하는 최상의 물질이지만 상태에 따라 세 단계로 나뉜다. 첫 번째 단계는 자체가 깨끗하면서 다른 물질을 정화할 수 있는 물로, 타후르tahur급이다. 두 번째는 깨끗하나 다른 물질을 정화할 수 없는 물로, 타히르tahir급이다. 순니 법학파에서는 하나피 법학파만 타히르급 물도 정화 능력이 있다고 여긴다. 세 번째 단계는 오염되어 불결한 물이다. 보통 216리터 이상의 물이나 정체됨 없이 흐르는 물은 오염물이 섞여 있어도 타후르급으로 여긴다(Hallaq, 2009: 229).

수난 알피뜨라 Sunan al-Fitrah

정결을 강조하는 이슬람은 인간 본연의 깨끗함을 유지하는 것을 중요하게 여긴다. 예언자 전승에 따라 본연의 정결함을 유지하는데, 이를 '수난 알피뜨라'라고 한다. 할례(포경수술), 음모 제거, 콧수염 정돈, 손톱 정리, 겨드랑이털 제거를 해야 한다(Bukhari, 1997: 420, n.5891). 여기에 턱수염 기르기, 시왁 siwak(나뭇가지 칫솔)으로 이 닦기, 콧속을 물로 씻기, 손가락 씻기, 이스틴자 istinja'(배변 후 성기를 닦는 것)를 더하기도 한다(Tirmidhi, 2007: 134, n.2757). 주기적으로 실행하여 개인적 위생을 유지하는데, 주기가 40일을 넘어서는 안 된다(Ibn Majah, 2007: 264, n.295).

●
이슬람과 똥

배설 규정

위에서 살펴본 바와 같이 정결 개념을 세세하게 발전시킨 이슬람법에서 똥은 당연히 더럽다. 인간의 똥뿐 아니라 동물의 똥도 더럽다. 법학파마다, 법학자마다 차이가 있기에 모든 의견을 망

라할 수는 없지만, 배설물 관련 규정은 대체로 다음과 같다(Khurasani, n.d.; Mughniyya, 2021).

- *순니와 시아 모든 법학파가 인간의 똥과 오줌을 더럽게 여긴다.*
- *동물의 배설물: 모든 법학파가 인간의 배설물을 먹는 동물의 배설물을 불결하게 보는 점에서는 같지만, 그 밖의 경우는 서로 의견이 다르다. 시아파 자으파리 법학파는 새의 배설물과 피를 밖으로 흘리지 않는 동물의 배설물은 더럽다고 보지 않는다. 피를 밖으로 흘리더라도 낙타나 양처럼 식용 동물의 배설물은 정결하나, 곰이나 육식동물의 배설물은 불결하게 본다. 또, 식용해도 좋은지 아닌지 의심이 가는 동물의 배설물은 모두 정결하다고 본다. 순니파의 경우, 샤피이 법학파는 모든 동물의 배설물을 불결하게 본다. 그러나 하나피 법학파는 비둘기나 참새처럼 공중에서 배설하는 새의 배설물은 깨끗하게 보나, 닭이나 거위처럼 육지에서 배설하는 동물의 배설물은 더럽게 여긴다. 반면 한발리 법학파와 말리키 법학파는 식용 동물의 배설물 외에는 모두 불결하다고 간주한다.*
- *돼지처럼 섭취가 금지된 동물의 똥과 오줌은 더럽다.*
- *돼지가 기른 양의 대소변은 더럽다.*
- *화장실에 들어갈 때는 왼발 먼저, 나올 때는 오른발 먼저 디딘다.*
- *화장실에 들어갈 때는 눈과 코만 보이게 하고 몸을 가리고, 무게의 중심은 왼발에 둔다.*
- *용변을 볼 때 해나 달을 보아서는 안 되지만, 성기를 가릴 때는 허용한다.*
- *야외에서 대소변을 볼 때 반드시 성기를 남에게 보여서는 안 된다.*
- *바람을 맞거나, 길가나 집 문 앞이나 과실수 그늘 밑에서 용변을*

보면 안 된다.

- 용변을 보면서 먹거나, 시간을 오래 끌거나, 오른손으로 씻어서는 안 된다.
- 불필요하게 말을 해서는 안 된다. 단, 알라를 찬미하는 말을 하는 것은 괜찮다.
- 주인의 허락을 받지 않은 곳, 공공재산#物, 무덤, 모스크, 예배소에서 대소변을 보지 않는다.
- 대소변을 볼 때 메카 방향을 향하거나 등져서는 안 된다.
- 성스러운 상징이나 글이 적힌 것을 배변 처리에 사용해서는 안 된다.
- 대소변을 참아서는 안 된다. 만일 건강에 해로울 때는 참는다.
- 예배 전, 자기 전, 성교 전, 사정 후에 소변을 본다.

이러한 규정을 무슬림이 모두 세세하게 다 지키는지는 알 수 없다. 그러나 올바른 행위를 중시하는 이슬람교 신앙 전통에서 법학자들은 인간의 행위가 알라의 뜻에 어긋나지 않도록 경전 꾸르안, 하디스(예언자 전승), 공동체의 합의ijma', 유추qiyas 등 이슬람법리Usul al-Fiqh를 활용하여 알라의 법을 찾는 노력을 기울였고, 저마다 신앙인이 지켜야 할 법을 위에 인용하여 요약한 것처럼 법 해석의견, 즉 파트와fatwa로 제시하였다.

배변 장소와 신앙 행위

예언자 전승에 따르면 예언자 무함마드는 용변을 볼 때 다음과 같이 기도하였다.

아나스 이븐 말릭은 말하였다. "예언자께서는 화장실에 들어가실 때 '오, 알라시여, 사악한 것과 더러운 것으로부터 저를 지켜주소서'라고 기도하셨다."(Bukhari, 1997: 139, n.142; Ibn Majah, 2007: 265-266, n.298)

아나스 이븐 말릭은 말하였다. "예언자께서는 화장실에서 나오실 때 '오, 알라시여, 용서를 구합니다. 해로움을 앗아가시고, 치유하신 알라를 찬미합니다'라고 기도하셨다."(Ibn Majah, 2007: 267, n.301)

아이샤가 말하였다. "예언자께서는 화장실에서 나오실 때, '용서를 구합니다'라고 기도하셨다."(Ibn Majah, 2007: 266-267, n.300; Abu Dawud, 2008: 42, n.30)

기도문에서 볼 수 있듯, 배변 장소는 사악한 것과 더러운 것이 있는 곳이다. 더러움의 대명사인 화장실과 정결한 장소인 모스크는 상극이다. 중국 공산당 정부가 신장新疆 위구르Uyghur 지역에서 모스크를 헐고 그 자리에 공중화장실을 건설한 것을 두고 정결을 중시하는 무슬림의 종교적 심성을 겨냥한 공격으로 보는 것도 바로 이 때문이다.

인간의 배변이 있는 곳은 더럽기에 예배 장소로 사용할 수 없는 것은 당연한 일이다. 그러나 동물의 경우는 인간과 다소 다르다. 동물의 똥과 오줌이 다 더러운 것은 아니기 때문이다. 돼지처럼 섭취를 금하는 동물이거나 혈관을 벨 때 피가 크게 튀어나오는 동물의 배설물은 불결하나, 섭취를 허락한 동물의 배설물은 불결하게 여기지 않는다. 섭취할 수 있는 가축을 키우는 울타리 안에서는 배설물이 있어도 예배를 할 수 있다. 단, 샤피이 법학파는 배변을 피해 예배를 해야

제5장 정결은 신앙의 절반: 이슬람과 똥

한다고 규정한다.

배변 후 세정

배변과 관련하여 이슬람교 신앙 전통은 다른 신앙 전통과 달리 똥과 오줌을 눈 후 처리 방법을 세세하게 규정한다. 대소변 처리법은 이스틴자'stinja', 잔뇨 처리법은 이스티브라'stibra'로 각각 구분한다.

대소변을 본 후 행하는 이스틴자는 앉아서 왼손으로 한다. 항문과 성기를 물로 닦는다. 대변의 경우 물이 없으면 종이 3장이나 천 3조각이나 돌 3개로 닦는다. 그러나 배변이 과하거나 배변 후 더러워진 범위가 넓거나, 피와 같이 부정한 것이 섞였을 때는 반드시 물로만 닦아야 한다. 종이나 천 조각, 돌은 3개 모두 사용해야 하고, 필요할 시 더 써야 한다. 소변 후 성기는 물로 최소 2번 닦아야 한다.

이스티브라는 소변을 본 후 잔뇨를 처리하는 세정법이다. 대변과 마찬가지로 세정에 사용하는 손은 왼손이다. 가운뎃손가락으로 항문을 3번 누르고, 엄지와 두 번째 손가락으로 성기를 눌러 잔뇨를 짜낸다. 이스티브라를 한 후에도 잔뇨가 나올 수 있다. 그러나 일단 이스티브라를 했다면, 잔뇨가 나와도 정결한 상태로 간주한다. 반면 이스티브라를 하지 않은 상태에서 잔뇨가 흘러나오면 불결한 상태다. 이 경우에는 다시 세정을 해야 한다. 즉, 이스틴자를 한 후 이스티브라를 해야 한다. 또 이스틴자를 할 때 물이 없어서 돌로 닦고 말린 후 이스티브라를 하였는데도 잔뇨가 나오면 반드시 다시 세정례를 해야 한다.

정결을 강조하는 이슬람교 신앙 전통에서 거짓말과 함께 잔뇨는 죽은 후 무덤에서 벌을 받는 원인이 될 정도로 피해야 하는 더러움의 원천이다. 무슬림 전승에 따르면 무함마드는 잔뇨 제거를 소홀히 한 사람들이 사후 무덤에서 벌을 받는다고 말하였다.

> 아부 바크르가 말하였다. "알라의 사도께서는 두 개의 무덤을 지나가시면서 말씀하셨다. '(무덤에 있는) 사람들은 벌을 받고 있는데, 중죄를 지어서 그런 것이 아니다. 한 명은 소변에 더럽혀졌고, 다른 한 명은 거짓말을 했기 때문이다.'"(Ibn Majah, 2007: 291-292, n.349)

이렇게 세심하게 잔뇨에 주의를 기울였다면, 오줌이 조금이라도 튀어 몸을 오염시키는 것 또한 대단히 경계했음은 두말할 필요가 없다. 그래서 무슬림 남성은 보통 서지 않고 앉아서 소변을 본다. 그러나 서서 오줌 누는 것을 금지하는 것은 아니다. 예언자 무함마드는 주로 앉아서 소변을 보았지만, 서서 본 기록도 있고, 이러한 기록이 신뢰성을 담보하고 있기 때문이다(Damanhuri, 2016: 153). 앉거나 서는 것보다는 오줌이 튀어 몸을 오염시키느냐 아니냐가 더 중요한 사항이다. 인도네시아와 같은 무슬림 문화권 국가에서 서서 오줌을 누는 소변기에 소변이 튀는 것을 막기 위해 차단막을 설치하여 주변 오염을 방지하는 것이 좋은 예다.

자연발효 생태화장실

정결례가 치밀하게 발전한 이슬람 신앙 전통에서 새로운 방식으로 인간의 배설물을 처리하려는 시도는 대단히 창조적인 작업이다. 말레이시아, 인도네시아 등 무슬림 문화권 국가에서는 이슬람법을 응용하여 공공장소의 화장실을 "일본과 한국 같은 선진국처럼" 깨끗하게 바꾸는 작업을 시도 중이다(Rahim 2005: 71). 화장실을 배설의 장소만이 아니라, 아이 기저귀를 갈고, 얼굴 화장을 고치고, 세안할 수 있는 곳으로 만들려고 한다.

그렇다면 물을 사용하지 않고 배설물을 톱밥이나 흙과 섞어 발표시킨 후 비료로 사용하는 자연발효 생태화장실은 가능할까? 이슬람 신앙 전통이 규정하는 배설처리법을 고려하면 생태화장실은 불가능하지 않다. 물로 씻어내는 현대 수세식 분뇨처리법이 사용되기 이전에 무슬림은 재래식 화장실을 사용하였다. 예멘과 아프리카의 잔지바르Zanzibar, 중앙아시아의 키르기스스탄Kyrgyzstan에서는 물을 쓰지 않는 화장실을 사용하면서 배설 후 세정 처리를 화장실 밖에서 하였다(Winblad, Simpson-Hebert, 2004: 63). 이처럼 배설 후 세정 처리를 하는 시설을 화장실 밖에 둔다면 자연발효 생태화장실은 가능하다.

그런데 자연 발효 효과를 극대화하려면 소변과 대변을 분리해야 한다. 무슬림 문화권에서는 양변기보다 좌변기를 더 선호하기에 대소변 분리 좌변기가 설치된 생태화장실이어야만 발효가 원활히 이루어질 것이다. 이슬람교 신앙 전통은 인간의 배설물을 재처리 과정을 거쳐 생태 비료로 쓰는 것을 금하지 않는다. 냄새를 제거한 물 없는 생태 좌변기를 설치하고, 물로 세정이 가능한 공간을 따로 둔다면, 생태화장실은 가능하다. 다만, 수세식 화장실을 물 없는 화장실보다 더 선진적이라고 여기는 시각이 자연발효 생태화장실 보급에 걸림돌이 될 가능성은 있다(Branstrator, 2014: 32; Nawab et al., 2006: 244). 말레이시아의 경우 물을 사용하는 화장실을 법제화하였다(Warner, 2004: 5-6).

현재 대다수 무슬림 국가에서 청결한 화장실 보급률은 무척 낮은 편이고, 엄격한 정결법과는 달리 부정한 것을 직접 접촉하는 것을 피할 수 없는 경우가 상당히 많다. 이슬람법의 정결 규정을 온전히 잘 지키고 있다고 기대하는 것은 사실상 무리다. 현재 무슬림 세계에는 깨끗한 음용수가 부족한 저개발국이 상당히 많다. 물 없는 화장실을 사용하면 1인당 하루 22.5리터의 물을 아낄 수 있다(Wilbur, 2014: 14). 따라서 이들 국가를 대상으로 물을 쓰지 않는 자연발효 생태화장실을 보급하는 것은 뜻깊은 일이 될 것이다.

●
똥의 새로운 가치 창조

유대교와 마찬가지로 정결례가 정밀하게 발달한 이슬람교 신앙 전통은 배설이 가능한 장소, 배설 후 세정법 등 배변과 관련하여 다양한 규정을 제시한다. 본질적으로 더러운 것으로 규정된 똥이 긍정적인 이미지를 갖기는 어렵다. 그러나 처리 과정을 거친 배설물을 비료로 쓰는 데는 문제가 없다. 따라서 부정한 물질이지만, 효과적으로 관리하여 처리한다면, 생태환경 개선에 크게 이바지할 수 있는 것이 똥이기도 하다.

울산과기원 사이언스월든센터의 똥본위화폐는 똥을 바라보는 시각을 혐오스러운 것에서 생태 친화적인 발전에 이바지하는 물질로 바꾸어놓았다. "정결이 신앙의 절반"이지만, 이슬람교 신앙 전통에서도 똥을 새로운 가치를 창조하는 물질로 여기는 발상의 전환이 가능하다. 특히 저개발 물 부족 국가가 많고 청결한 화장실 보급률이 낮은 무슬림 세계의 현실을 고려한다면, 자연발효 생태화장실을 보급할 경우 물로 똥을 처리하지 않아 물을 아끼고 환경을 보호하며, 바이오에너지 생산이 가능할 것이다. 다만 자연발효 생태화장실은 남성이 상당한 역할을 하지 않는다면 여성의 가사부담이 가중될 가능성이 크다 (Wilbur, 2014: 55-56).

기존 화석에너지를 탈피하여 새로운 친환경 연료 개발에 세계 각국이 치열한 경쟁을 벌이고 있는 상황에서 환경보호라는 현대사회의 대의와 정결을 중시하는 이슬람의 가르침은 똥본위화폐와 같은 창조적인 틀에서 새롭게 만날 수 있다. 똥은 더럽고, 만지면 반드시 씻어야 하지만, 자연발효 생태화장실에서는 새로운 에너지로 재탄생한다. 똥을 본질적으로 불결한 것으로 보는 이슬람법 규정에 근본적 변화가 일기는 어렵겠지만, 자연발효 생태화장실이 활성화되면 똥을 지금보다는 더 친환경적으로 인식할 가능성도 있지 않을까?

참고문헌

Abu Dawud. (2008). *Sunan Abu Dawud*. Vol. 1. Riyadh: Darussalam.

al-Bukhari, Muḥammad. (1997). *Sahih al-Bukhari*. Vol. 1. Riyadh: Darussalam.

al-Tirmidhi, Abu 'Isa Muhammad Abu 'Isa. (2007). *Jami' at-Tirmidhi*. Vol. 5. Riyadh: Darussalam.

Branstrator, Julia (2014). *The Barriers To Adopting Composting Toilets Into Use In Urban And Suburban Locations In The United States*. Unpublished Master's Thesis, Purdue University.

Damanhuri, Adi. (2016). Hadith about the Prophet Muhammad Pbuh Own Pee Standing in Simultaneous Research. *International Journal of Humanities & Social Science Studies*, 3(1), 138-156.

Gauvain, Richard. (2005). Ritual Rewards: A Consideration of Three Recent Approaches to Sunni Purity Law. *Islamic Law and Society*, 12(3), 333-393.

Hallaq, Wael B. (2009). *Shari'a: Theory, Practice, Transformations*. Cambridge: Cambridge University Press.

Ibn al-Hajjaj, Abū al-Ḥussain Muslim (2007). *Sahih Muslim*. Vol. 1. Riyadh: Darussalam. Ibn Majah, Muhammad b. Yazid. (2007). *Sunan Ibn Majah*. Vol. 1. Riyadh: Darussalam.

Nawab, B., Nyborg, I. L. P., Esser, K. B., and Jenssen, P. D. (2006). Cultural Preferences in Designing Ecological Sanitation Systems in North West Frontier Province. *Pakistan Journal of Environmental Psychology*, 26(3), 236-246.

Rahim, Asia Abdul. (2005). A Concept of Clean Toilet from the Islamic Perspective. *Journal of Islamic Built Environment*, 1(1), 71-84.

Wilbur, Patricia Anna Marie (2014). *An Evaluation of the Use of Composting Latrines and the Perceptions of Excrement in Ngabe Communities in Panama*. Unpublished Master's Thesis, University of South Florida.

Winblad, U., Simpson-Hebert, M., eds. (2004). *Ecological Sanitation*. Stockholm Environment Institute. Stockholm.

조재원 (2021.08.09.). [똥본위화폐] 20. 똥본위화폐의 소개. 불교닷컴. Retrieved November 22, 2021, from http://www.bulkyo21.com/news/articleView.html ?idxno=49395

Khurasani, Ayatullah al-'Uzma Shaykh Husain Wahid. (n.d.). Islamic Laws. Retrieved January 28, 2021, from http://wahidkhorasani.com/english/books

Mughniyya, Muhammad Jawad. (2001). The Five Schools of Islamic Law. Retrieved January 28, 2021, from

https://www.al-islam.org/five-schools-islamic-law-muhammad-jawad-mughniyya/1-t aharah-ritual-p urity

Warner, William S. (2004). Cultural Influences that Affect the Acceptance of Compost Toilets: Psychology, Religion and Gender. Retrieved January 28, 2021, https://www.ircwash.org/sites/default/files/Warner-2004-Cultural.pdf

“인간의 마음에서 나오는 온갖 욕망이 더러움의 근원이라 보고, 그 욕망에 대한 자기 자신의 성찰과 회개를 강조한 종교가 그리스도교이다. … (그리스도교는) 정결의 의미를 의식 대신에 인간의 내면에서 찾았다.”

– 김남희, 가톨릭

　“똥의 성서적 의미는 두 가지이다. 하나는 똥을 제사장의 정결법에 따라 부정한 것으로 간주한 것이고, 다른 하나는 예수가 하나님의 나라를 위한 ‘거름’이라는 맥락에서 본 것이다.”

– 손원영, 기독교

　“똥에 관한 불교적 독해는 곧 붓다의 똥에 관한 독해이기도 하다. 더러움과 깨끗함을 구분하는 기준 또는 경계는 우리 스스로 무명無明의 그림자 속에서 형성하여 공유하게 된 상相의 결과물일 뿐이다.”

– 박병기, 불교

　“(기철학에 근거한) 만물일체론은 똥본위 프로젝트의 뿌리가 되어야 한다. 이 프로젝트가 현대사회의 소득 불균형과 인간 소외 등의 문제 해결을 목표로 한다면, 인간과 인간, 인간과 자연의 분리와 투쟁이 아니라, 공감하고 소통하는 감통感通의 세계관으로의 전환을 통해 상생하지 않으면 불가능하다." — 김교빈, 유교

"이슬람법은 단순히 정결을 규제만 하지 않는다. 똥은 더럽고 만지면 반드시 씻어야 하지만, 자연발효 생태화장실에서는 새로운 에너지로 재탄생한다. 똥을 본질적으로 불결한 것으로 보는 이슬람법 규정에 근본적인 변화가 있기는 어렵겠지만, 자연발효 생태화장실이 활성화되면 똥을 지금보다는 더 친환경적으로 인식할 가능성도 있지 않을까…" — 박현도, 이슬람

독일 종교사회학자 울리히 벡U. Beck에 따르면, 종교는 제도종교와 '종교적인 것'으로 나누어 볼 수 있다. 제도종교가 우리가 쉽게 접근할 수 있는 교회와 성당, 모스크, 절 등으로 상징되는 체계화된 것이라면, '종교적인 것'은 우리 마음속에 자리 잡고 있는 영원성을 향한 열망이나, 보다 완전한 삶을 향한 열망 같은 것을 의미할 것이다. 우리 종교학자 오강남과 성해영은 이러한 구분을 표층 종교와 심층 종교라는 개념으로 잡아내고 있다. 그렇게 보면 특정 제도종교의 구성원이 아니라고 해도, 인간은 종교적인 것을 온전히 거부할 수 없는 '종교적 존재'인 셈이다.

물론 그 명제에 포함된 '종교적' 또는 '종교적인 것'이 지닐 수 있는 의미와 정의는 시대와 장소, 개인에 따라 다를 수밖에 없겠지만, 민주주의와 자본주의를 이념적 기반으로 하는 서구 근대 이후의 시민

사회가 세계화의 흐름을 타고 확산된 이후에는 상당한 정도의 수렴을 보여주고 있음을 부인하기 어렵다. 그 수렴의 지점은 바로 가치의 화폐화 현상에 근거한 '돈을 향한 숭배'이다. 미국 하버드의 신학자 하비 콕스H. Cox가 적절하게 표현한 '신이 된 시장市場'은 곧 '신이 된 돈'이기도 하다.

이렇게 세계인의 마음을 사로잡고 있는 돈이 이 시대 '종교적인 것'을 지배하는 차원을 넘어서 '제도종교'를 강력하게 지배하는 차원으로까지 세력을 확장한 지 오래되었다. 우리 사회의 제도종교들도 예외가 아니다. 그리스도교의 두 축인 가톨릭과 개신교가 그러하고, 불교 또한 상황이 나아 보이지 않는다. 우리에게는 새로운 제도종교인 이슬람의 경우는 아직 판단하기 이르고, 일상화된 전통 제도종교였던 유교 또한 제사의식 같은 흔적으로 남아 있어 판단하기 쉽지 않다.

그럼에도 우리 현실 속에서 제도종교가 모두 위기를 맞고 있다는 소리는 한결같다. 종교가 사회를 걱정해야 하는데, 거꾸로 사회가 종교를 걱정해야 하는 상황이라는 인식이 일반화되어 있는 셈이다. 이 위기를 극복할 수 있는 실마리를 어디에서 어떻게 마련해볼 수 있을까. 이 물음에 대한 답은 쉽게 찾아질 수 없고 또 쉽게 찾아져서도 안 되지만, 더 이상 미룰 수는 없는 절박감을 외면할 도리는 없다. 이 지점에서 우리는 작은 답을 찾는 방법으로 제도종교의 일상을 들여다보면서 관점의 전환을 시도해볼 수 있다.

그리스도교의 성찬聖餐이나 불교의 공양供養은 일상의 먹는 것을 종교의식으로 승화시킨 것이다. 먹어야만 살 수 있는 존재로서 인간의 식욕食欲을 종교적 차원으로 승화시킨 의례로 볼 수 있고, 이를 통해 우리는 일상으로부터 분리되지 않는 종교 체험을 할 수 있는 기회를 갖게 되었다. 먹을 것이 늘 부족했던 시절에 이 의례는 배고픈 사람들에게 기꺼이 음식을 나누는 윤리적 행위의 차원까지 지닐 수 있었다. 그런데 이제는 그 먹을 것이 넘치면서도 나누지 않아서 문제인 시대가 되었다. 부유한 나라 사람들은 너무 많은 칼로리를 섭취해서 온갖 성인병에 노출되고 가난한 나라 사람들은 여전히 굶주리는, '야만의 시대'를 살게 된 것이다. 그런 문제에 좀 더 민감할 것이라는 기대를 모으는 우리의 제도종교들도 별다른 역할을 해내지 못하고 있다는 평가가 일반적이다.

먹는 문제와 필연적으로 연결될 수밖에 없는 배설의 문제는 우리가 함께 살아가고 있는 지구별에 다양한 형태의 지속성 위기로 나타나고 있다. 인간의 똥은 단지 큰돈을 들여 처리해야 하는 오물로만 분류되고, 너무 많은 고기를 먹기 위해 채택한 공장식 축산업에서 나오는 가축의 똥과 오줌도 그 참을 수 없는 냄새와 함께 혐오의 대상이 되고 있다. 이 문제를 중요한 문제로 인식하고 적절한 대응책을 찾아야만 한다는 당위에 동의하더라도, 과연 그 대응책을 마련하는 데 누가 어떻게 앞장서야 할 것인가 하는 실천의 영역으로 넘어오면 우리는 급속히 말을 잃는다.

이 작은 책은 그 어려운 임무를 우리 사회의 제도종교가 나서서 맡아보면 어떨까 하는 문제의식을 출발점으로 담고 있는지 모른다.

물론 모든 생태 문제가 그렇듯이 종교나 윤리 차원의 대응책만으로는 한계가 있다. 다른 한편으로는 똥과 오줌을 처리하는 기술을 보다 적극적으로 발전시켜 비용 절감은 물론 새로운 활용가능성까지 찾아볼 수 있는 기술공학적 대안도 모색되어야 한다. 그러나 그런 대안은 그 문제 속에 들어 있는 순환의 위기와 같은 근원적 원인에 관한 성찰을 전제로 가져올 수 있을 때라야 비로소 온전한 의미를 지닐 수 있다. 삶과 사회에서 흐름과 순환의 과정이 보장받을 수 있게 되면, 부엌과 식당의 따뜻함과 아름다움이 뒷간의 정결함과 서늘함으로 이어지는 '뒷간의 미학'이 자연스럽게 자리할 수 있게 될 것이다.

이 책의 이야기들을 통해서 우리는 오랜 역사적 뿌리와 전개 과정을 지니는 제도종교들이 이 문제에 관한 직접적인 언급이나 대안을 충분히 갖고 있지는 않음을 확인할 수 있었다. 어느 종교든 똥은 대체로 더러운 것으로 분류되었고, 가능하면 피하는 것이 좋다는 인식을 공유하고 있었다. 그것은 다른 한편으로 똥과 오줌이 자연의 흐름을 저해하지 않았던 시대적 배경을 전제로 한 불교 계율과 이슬람 율법, 그리스도교 윤리의 차원이었음을 이해할 필요가 있다. 그 이해의 바탕 위에서 각각의 제도종교가 지향하는 목적을 재해석함으로써 순환의 문제를 바라보는 의미있는 대안을 이끌어낼 수도 있음도 확인했다. 그것에 더해 시민사회의 정착으로 상징되는 새로운 상황에 맞는 변화를 추구할 수 있다면 보다 적극적인 대안 모색도 가능해질 수 있을 것이다.

이 변화를 이끄는 노력들은 다양하게 이루어질 수 있고, 이 책의

저자들은 각자가 맡은 종교의 교리를 적극적으로 해석하는 노력을 하고자 했다. 각각의 종교 안에서 더 많은 논의와 대화가 필요하고 종교들 사이의 대화의 장도 보다 활발하고 지속적으로 마련되어야 하겠지만, 그럼에도 우리 논의가 지니는 출발점으로서의 의미는 평가 받을 수 있기를 기대한다. 그 기대는 다시 제도종교와 긴밀히 연결되어 있는 우리 시민사회의 관련 논의의 확장으로까지 이어진다. 논의의 확장은 자연스럽게 실천의 동반을 이끌어낼 수도 있을 것이다.

박병기

필자 소개

박병기(한국교원대학교 윤리교육학과 교수)

서울대학교 윤리교육학과를 졸업하고 같은 대학원에서 석사와 박사를 한 후에 불교원전문학림 삼학원에서 불교철학과 윤리를 공부했다. 전주교육대학교 교수와 한국교원대학교 대학원장, 교육부 민주시민교육자문위원장을 역임했고, 현재 한국교원대학교 윤리교육학과 교수이자 국가생명윤리심의위원회 유전자 전문위원이기도 하다.『딸과 함께 철학자의 길을 걷다』,『우리 시민교육의 새로운 좌표』등의 저서와『철학은 시가 될 수 있을까』등의 역서가 있다.

김남희(가톨릭대학교 학부대학 교수)

현재 가톨릭대학교 학부대학 교수로 재직 중이다. 독일 자르브뤼켄 대학(Universität des Saarlandes)에서 종교학과 신학, 교육학을 공부하면서 기후변화와 생태 위기에 관심을 갖게 되었다. 그러나 거대 담론에 머무는 생태론자에서 벗어나 일상에서 무엇을 바꾸어야 하는지 고민하고 실행하는 삶을 지향하고 있다. 요즘은 엘리아데와 막스 베버의 이론을 주제로 다양한 변주를 시도하고 있다. 그중 생태학적 시각을 바탕으로 한 글을 준비하고 있다. 강아지와 함께 숲속을 산책하면서 자연의 아름다움과 생명의 존귀함을 느끼는 삶을 살면서 글을 쓰고 있다.

손원영(서울기독대학교 신학과 교수)

연세대학교 신학과를 졸업하고 같은 대학원에서 기독교교육을 전공하여 석사와 박사학위(PhD)를 취득하였고, 미국 보스턴 컬리지(Boston College) 및 GTU(Graduate Theological Union)에서 연구하였다. 서울기독대학교 교수로서 교무연구처장, 신학전문대학원장, 한국기독교교육정보학회 회장 등을 역임했다. 현재는 (사)한국영성예술협회 이사, 도마복음연구회 회장, 한국종교교육학회 부회장, NCCK 신학위원 등으로 활동하고 있다. 주요 저서로는『기독교교육의 재개념화』,『기독교문화교육과 주일교회학교』,『영성과 교육』,『연꽃십자가: 개운사훼불사건과 종교평화』,『내가 꿈꾸는 교회』등이 있다.

김교빈(한국철학사상연구회 이사장)

1953년 서울에서 태어나 성균관대학교 동양철학과에서 철학박사 학위를 받았다. 호서대학교에서 교무처장, 기획처장, 학장 등을 지내며 34년 재직 후 정년을 했고, 한국철학회 회장, 한국철학사상연구회 회장, 인문콘텐츠학회회장 등을 지냈으며, 학술단체협의회 상임대표, 재단법인 민족의학연구원 원장을 역임하였다. 뉴욕주립대학교와 국립비엔나대학교 방문교수를 지냈고 현재는 한국철학사상연구회 이사장을 맡고 있다. 『동양철학에세이』, 『한국철학에세이』, 『동양철학과 한의학』 등의 저서와 『중국고대철학의 세계』, 『중국의학과 철학』, 『기의 철학』 등의 역서가 있다.

박현도(서강대학교 유로메나연구소 대우교수)

현재 서강대학교 유로메나연구소 대우교수로 재직 중이다. 서강대에서 종교학으로 학사학위, 캐나다 맥길대학교 이슬람연구소에서 이슬람학으로 석사학위를 받고 박사과정을 수료한 후, 이란 테헤란대학교에서 이슬람학으로 박사학위를 받았다. 종교평화국제사업단(IPCR) 영문계간지 Religion & Peace 편집장, 외교부 정책자문위원, 법무부 국가개황정보 자문위원, 문화체육관광부 공직자종교차별예방교육 전문 강사 등으로 활동하고 있다. 주요 저술로 『Studies in Islamic Historiography』(공저)와 『이슬람의 모든 것: 이슬람에 관한 122개의 질문과 대답』(공역), 『벌거벗은 세계사』 등이 있다.

종교와 똥,
뒷간의 미학

초판 발행 | 2023년 11월 10일

지은이 | 박병기, 김남희, 손원영, 김교빈, 박현도
펴낸이 | 김성배

책임편집 | 신은미
디자인 | 안예슬, 엄해정
제작 | 김문갑

펴낸곳 | 도서출판 씨아이알
출판등록 | 제2-3285호(2001년 3월 19일)
주소 | (04626) 서울특별시 중구 필동로8길 43(예장동 1-151)
전화 | (02) 2275-8603(대표) 팩스 | (02) 2265-9394
홈페이지 | www.circom.co.kr

ISBN 979-11-6856-178-6 93200